Nora Kircher

Kristallsalz

Gesundheit aus dem Himalaya

Hier & Jetzt

Die Rezepte und Anwendungshinweise wurden von der Autorin und dem Verlag sorgfältig nach bestem Wissen und Gewissen geprüft – und für gut befunden. Bei der Umsetzung der Hinweise ist jeder für sich selbst verantwortlich. Eine Haftung der Autorin und/oder des Verlages ist ausdrücklich ausgeschlossen.

1. Auflage 2002

Diese Buch ist in der normalen deutschen Rechtschreibung geschrieben.

Umschlaggestaltung, Satz und Gestaltung:
Hier & Jetzt GmbH, Bad Oldesloe
E-Mail: verlag@hierundjetzt.de

ISBN 3-926925-34-5

Inhaltsverzeichnis

Kristallsalz – wichtig in der Nahrung

Kristallsalz für Tiere

Vorwort

In meiner Naturheilpraxis arbeite ich mit körperlich und energetisch wirkenden Therapien, um Körper, Geist und Seele zu heilen. Vor jeder Behandlung ist für mich zunächst die »schulmedizinische« und »naturheilkundliche« Diagnose wichtig.

Ich habe mehrere tausend Testampullen mit »Heilmitteln« und teste mit *Analytischer Kinesiologie* aus, welches das individuell richtige Mittel ist.

Seit ich das Kristallsalz entdeckt habe, teste ich es bei vielen Patienten kinesiologisch aus und setze es im Verhältnis zu anderen Mitteln relativ oft erfolgreich zur körperlichen und zur energetischen Linderung und Heilung ein. Hier einige Beispiele:

Bei Erkältungen mit Ohrenschmerzen hilft meistens ein Wärmekissen aus Kristallsalz lokal am Ohr. Das von mir selbstgemachte homöopathische Mittel gebe ich gegen die Erkältung, und ein Solebad verordne ich zur Linderung der Muskel- und Gelenkschmerzen. Gegen Nasennebenhöhlenentzündung und Bronchitis helfen Nasentropfen und Inhalationen mit 0,9%iger Kristallsalzlösung.

Die vielseitigen Verwendungsmöglichkeiten des Kristallsalzes sind erstaunlich. Es ist jedoch kein Allheilmittel, obwohl es teilweise so angepriesen wird.

Jeder Mensch ist ein Individuum mit unterschiedlichen Leiden, die auch unterschiedlich behandelt werden müssen, auch wenn das Leiden dem eines anderen Menschen ähnelt. Was für den einen gut ist, muß noch lange nicht für alle gut sein. Es gibt immer wieder Dogmatiker, die behaupten, daß mit Kristallsalz und Wasser das ganze Leid der Menschheit heilbar ist. Das wäre wunderbar, kann aber so nicht stimmen.

Ich halte Kristallsalz für sehr gut – es sollte in keiner Küche fehlen und ein paar Brocken auf dem Computer gegen Elektrosmog und im Raum zur Harmonisierung schaden niemandem – im Gegenteil.

Alles andere können Sie probieren. »Hören« Sie auf Ihren Körper und verwenden Sie das Kristallsalz nur, wenn es Ihnen guttut.

Lernen Sie das Kristallsalz mit seinen vielfältigen Möglichkeiten kennen. Sie werden dann selbst merken, wo und wie es für Sie und Ihr Umfeld sinnvoll und heilsam ist.

Nora Kircher

Einleitung

Kristallsalz aus dem Himalaya ist etwas ganz Besonderes und hat mich sofort begeistert. Vor einigen Jahren war ich selber in Tibet, also im Himalaya. Ich saß auf einem über fünftausend Meter hohen Berg, neben flatternden, buddhistischen Gebetsfahnen und durch die dünne und frische Höhenluft leicht berauscht. Mein Blick schweifte über ein ungefähr zweitausend Meter tiefer liegendes Tal und über die zum Teil noch höheren Berge der Umgebung. Ich sog diese Eindrücke in mich auf – Eindrücke, die mich für den Rest meines Lebens begleiten und stärken werden.

Es gibt Regionen im Himalaya, die besonders energetisch sind und man spürt, vielleicht auf Grund der besonderen Religiosität der dort lebenden Menschen, die Spiritualität dieser Landschaft.

Vor 220 Millionen Jahren trocknete in dieser Erdregion, genauer im Karakorummassiv (Nordpakistan), ein Urmeer aus. Das Klima veränderte sich. Durch gewaltige, tektonische Erschütterungen der Erde entstand das Himalaya-Massiv. Das Salz wurde mit nach oben geschoben und lagert bis heute in einer Tiefe von 400-600 Metern. Der enorm hohe Druck hat gleichmäßige, kristalline, kubische Strukturen entstehen lassen. Solche Strukturen sind bioenergetisch sehr wirksam, vergleichbar mit Edelsteinen.

Hinzu kommt, daß das Kristallsalz keinerlei Umweltverschmutzungen ausgeliefert ist. Im Urmeer gab es noch keine Öltanker und somit auch kein ausgelaufenes Erdöl im Meer, ein Problem, das die Qualität der meisten heutigen Meersalze reduziert.

Der Boden im Himalaya wurde und wird nicht gedüngt und nicht mit Gülle begossen. Das Kristallsalz kann also auch davon nichts abbekommen haben. Es ist frei von jeglicher Umweltbelastung. Das Kristallsalz wird in dieser Region lediglich in zwei Salzminen bergmännisch abgebaut und dort ohne weitere industrielle oder chemische Bearbeitung abgefüllt.

Untersuchungen einiger Speziallabore haben die Reinheit des Salzes und den besonderen Gehalt an Mineralien und Spurenelementen bestätigt, dazu später mehr.

Mit dem Kauf des Kristallsalzes aus dem Himalaya werden natürlich auch die Bergleute in Pakistan und deren Familien in der sehr armen, kargen und unwirtlichen Gegend unterstützt.

Auf Grund der besonderen Energie und der zahlreichen Inhaltsstoffe, können Sie mit dem Salz viel mehr machen, als es nur in der Küche zum Salzen von Speisen zu verwenden.

Was ist Salz und was ist Sole

Salz ist nicht immer das Kochsalz, welches wir in der Küche verwenden. Salze bilden sich durch chemische Verbindungen, wenn der Wasserstoff einer Säure durch ein Metall ersetzt wird. Es werden also auch andere Zusammensetzungen »Salze« genannt.

Die Bezeichnung »Kochsalz« bedeutet, daß es gereinigt wurde oder rein ist und mindestens 98% Natrium und Chlorid (Natriumchlorid), enthält.

Handelsübliches Kochsalz kann aber durchaus Rieselhilfen oder andere Hilfsstoffe enthalten. Außerdem wird teilweise Jod und Fluor zugefügt. Schauen Sie auf die Inhaltsangaben diverser Kochsalzsorten, die es in Supermarktregalen gibt. Sie werden staunen.

Die chemische Bezeichnung für Kochsalz ist *Natrium Chloratum*, abgekürzt NaCl. Die Abkürzung wird in der Medizin häufig verwendet, denn die *Isotone Natriumchloridlösung* kann Leben retten.

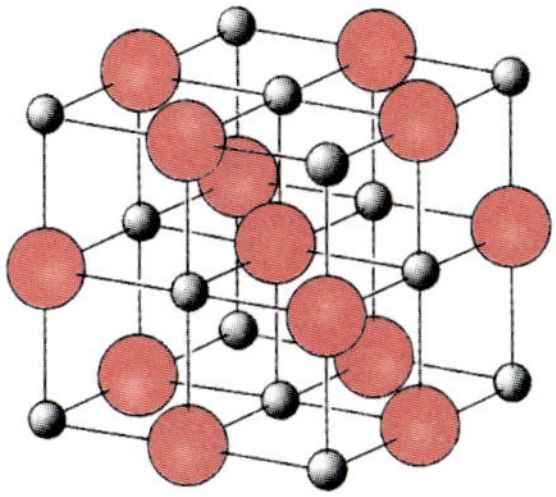

NACL Struktur. Jede rote Kugel ist oktaedrisch von 6 schwarzen umgeben – und umgekehrt. So entseht das kubische, kristalline Gitter.

Iso bedeutet, daß zwei Lösungen gleich sind. Damit ist gemeint, daß die isotone Natriumchloridlösung 0,9% NaCl enthält, ebenso wie der gesunde Körper. Lebensbedrohlicher Blutverlust durch Verletzungen oder Schockzustände kann also kurzfristig mit 0,9% Natriumchloridlösung ausgeglichen werden.

Diese Natriumchloridlösung wird auch von Studierenden in medizinischen Berufen verwendet, um Injektionstechniken zu üben. Mit isotoner Kochsalzlösung können auch Akupunkturpunkte angespritzt werden.

Der Begriff Sole bedeutet nichts anderes als Salzlösung, hier Salzwasser. Das Wort *Sol* wird abgeleitet vom lateinischen *Solutio*, Lösung und bedeutet ein Lösungszustand der Kolloide. Kolloide heißt, daß der gelöste Stoff nur noch ultramikroskopisch erkennbar ist.

Tatsächlich kann man mit den bloßen Augen nicht erkennen, ob das Wasser salzig ist oder nicht, da hilft nur die Zunge. Sole aus Kristallsalz hat durch den hohen Eisengehalt eine rosa Einfärbung.

Kristallsalz aus dem Himalaya

Salzvorkommen gibt es natürlich weltweit, aber kein anderes Salz ist unter solchen Bedingungen entstanden, wie das Himalaya-Kristallsalz. Wie schon erwähnt ist Salz aus Meeren und Salzseen umweltbelastet. Salz aus Stollen ist zwar in den meisten Fällen frei von Umweltbela-

Der Salzabbau des Kristallsalzes findet im Karakorummassiv / Nordpakistan statt.

stungen, entstand aber unter anderen Bedingungen und selten unter so großem Druck.

Kristallsalz aus dem Himalaya enthält neben *Natrium Chloratum* so viele weitere lebenswichtige Mineralien und Spurenelemente wie kaum ein anderes Salz. Untersuchungen haben bis zu 84 Elemente nachgewiesen.

Kristallsalz aus dem Himalaya hat eine lange Reifung hinter sich, ist sehr fest, ähnlich wie Bergkristall, besteht aus einer besonderen geometrische Ordnung und enthält viele, vor allem alte, wertvolle bioenergetische Informationen.

Der Gehalt an lebenswichtigen Mineralien und Spurenelementen ist, abgesehen von Natriumchlorid, nur gering und reicht nicht aus, um beispielsweise Magnesiummangel auszugleichen. Im Vergleich zum Kochsalz sind im Kristallsalz Magnesium und weitere Mineralstoffe in großer Mengen vorhanden. Um jedoch einen Magnesiummangel auszugleichen, würde man täglich 1 kg Kristallsalz benötigen. Dies ist eine Menge, die tödlich wäre, die jedoch niemand körperlich aufnehmen kann, da ab einer 3%igen Sole das Soletrinken zum Erbrechen führt.

Wichtig ist in diesem Zusammenhang, wie bei den anderen Mineralstoffen im Kristallsalz auch, daß die bioenergetische Information von Magnesium an den Körper weitergegeben wird. Daß solche Informationen wirksam sind, kennen wir aus der Homöopathie (siehe auch den Abschnitt »Homöopathisches Komplexmittel«).

Angeboten wird Kristallsalz in kleinen Brocken, als gemahlenes grobes Granulat und als feines Puder. Es lohnt sich die Brocken und ein Puder anzuschaffen,

Am besten Sie besorgen sich die Kristallsalzbrocken in einem verschließbaren Glas mit Gummidichtung. Bezugsmöglichkeiten im Anhang.

denn die Brocken haben eine den Heilsteinen ähnliche energetische Wirkung.

Das gemahlene Salz ist in der Küche praktischer, außerdem können Sie mit dem Puder oder Granulat Salzsäckchen (Beschreibungen sind im Rezeptteil) herstellen oder Solebäder nehmen. Mit Salz kann man konservieren und es wird niemals schlecht. Selbst wenn Sie nur wenig Bedarf haben, können Sie bedenkenlos die angebotene Menge, meist ein Kilo, kaufen.

Die Brocken verändern ihre Oberfläche durch kurzes Befeuchten oder durch die Luftfeuchtigkeit aus der Umgebung. Ganz nebenbei werden sie dadurch dekorativer.

Mineralstoffe

Die Hauptbestandteile des Kristallsalzes sind die Mineralstoffe *Natrium* und *Chlorid*. Mineralstoffe benötigt der Körper in unterschiedlichen Mengen, so wie sie auch in unterschiedlichen Mengen in der Natur vorhanden sind. Sie werden in zwei Gruppen aufgeteilt: Mineralien und Spurenelemente. Mineralien sind lebenswichtiger als Spurenelemente, die der Körper, wie das Wort schon sagt, nur in Spuren benötigt.

Fehlen Mineralien oder Spurenelemente, kann es zu unspezifischen Erkrankungen kommen. Unspezifisch sind sie deshalb, weil sie oft unklare, schwer definierbare Beschwerden mit sich bringen und keiner »Lehrbuchkrankheit« zuzuordnen sind.

Mineralien und Spurenelemente steuern den Wasserhaushalt, den Säure-Basenhaushalt, den Stoffwechsel, den Hormonhaushalt und sind Baumaterial für Knochen und Zähne. Nerven und Muskeln benötigen ebenfalls

Mineralstoffe, erkennbar beispielsweise an Herzrhythmusstörungen bei Kaliummangel oder Wadenkrämpfen bei Magnesiummangel.

Das Kristallsalz aus dem Himalaya enthält mehr als 98% Natriumchlorid und erfüllt daher die Richtlinien für Speisesalz. Der international geltende *Codex Alimentarius* schreibt dafür einen Mindestgehalt an 98% Natriumchlorid vor. Dieser Codex wurde von der WHO (World Health Organisation) und FAO (Food and Agricultural Organisation) zum Schutz der Verbraucher eingeführt.

Alle anderen Mineralstoffe sind im Kristallsalz nur in geringen Mengen enthalten, können also auch nur minimal einen Mangel ausgleichen. Der Gehalt an Spurenelementen ist zwar ebenfalls gering, aber hier benötigt der Körper auch wesentlich weniger.

Meersalz enthält etwa 0,8% Mineralstoffe. Andere aufbereitete Kochsalze enthalten ausschließlich Natriumchlorid und keine weiteren Mineralstoffe – ihnen wurden teilweise jedoch Rieselhilfen und dergleichen zugesetzt. Kristallsalz aus dem Himalaya ist frei von jeglichen Zusatzstoffen.

In der folgenden Tabelle finden Sie die Ergebnisse einer energiedispersiven Röntgenfluorenzanaylse (Prüfung nach DIN 51001-1) vom 06.03.2002, des Instituts Quantech in Bremen. Für die Untersuchung bekam das Institut einen farbschwachen Kristallsalzbrocken. Die rötlichen Brocken haben einen höheren Eisengehalt.

Chlorid: 60,6 %	*Natrium: 39,3 %*
Fluor: 82 mg/kg	*Kalium: 342 mg/kg*
Calcium: 1400 mg/kg	*Ferrum: (Eisen) 24,8 mg/kg*
Brom: 53,0 Mg/Kg	*Strontium: 9,6 mg*

Andere Institute haben durch spezielle Untersuchungen noch weitere Mineralstoffe entdeckt, die in sehr geringen Spuren enthalten sind.

Mineralstoffmangel

Zu einem akuten, teilweise sogar lebensbedrohlichen Mangel an Mineralstoffen, vor allem an Natrium und Chlorid, kann es durch Erbrechen, Durchfall, starkes Schwitzen und großflächige Verbrennungen kommen – dazu gehört auch ein starker Sonnenbrand. Seltener kommt es zum akuten Nierenversagen.

Übermäßiger Genuß von Abführmitteln oder die Einnahme von Medikamenten zur Entwässerung, kann ebenfalls zu einem Mineralstoffmangel führen, der aber meistens nicht akut ist.

In allen Fällen hilft nur der sofortige Ausgleich. In schweren Fällen geschieht dies durch einen Arzt per Infusion, in leichten Fällen, z.B. bei großflächigem Sonnenband oder bei Durchfall mit und ohne Erbrechen,

“ Ohne Salz kein Leben ”

muß viel Wasser mit Natriumchlorid – z.B. einer kleinen Prise Kristallsalz – getrunken werden. Weitere Mineralien sind zwar im Kristallsalz enthalten, aber nicht in für den Körper ausreichender Menge.

Zu erkennen ist ein akuter Natriumchloridmangel an sehr niedrigem Blutdruck, Orientierungslosigkeit mit Verwirrung, Schwindel und an Krampfanfällen.

Folgen von übermäßigem Kochsalzgenuß

Kein Salz ist gesund, wenn es übermäßig genossen wird. Das gilt natürlich auch für Kristallsalz aus dem Himalaya. Auf die richtige Dosierung kommt es also an. Hier genaue Zahlen zu nennen, macht keinen Sinn, denn der Bedarf ist bei jedem Menschen verschieden. Außerdem würde Ihnen das Wissen auch nicht weiterhelfen, denn den Salzgehalt von fertigen Lebensmitteln, beispielsweise von Käse, Wurst und Brot, kennen Sie nicht.

Die Folgen von übermäßigem Salzkonsum sind unter anderem Bluthochdruck, das erhöhte Risiko einen Schlaganfall zu erleiden und Osteoporose.

Bekannt ist allerdings, daß in den deutschsprachigen Ländern die empfohlene tägliche Salzmenge von 5 - 6 Gramm für Erwachsene um das doppelte überschritten wird. 5 - 6 Gramm sind etwa ein Teelöffel Salz – wiegen Sie es einfach einmal selbst aus.

Für mich ist der Gesundheitstip, täglich Kristallsalzsole zu trinken, nicht nachvollziehbar. Natriumchlorid ist lebenswichtig und zwar so lebenswichtig, daß es auf die genaue Menge ankommt. Überschüssiges Salz kann der Körper nicht einfach ausscheiden, anders als bei den meisten Vitaminen.

Ich halte das tägliche Trinken einer zu starken Sole nicht für gesund. Es genügen wenige Tropfen einer gesättigten Kristallsalzlösung in einem großen Glas natriumarmen Wasser. Kommt es zu Verdauungsbeschwerden oder unangenehmen Empfindungen, darf die Sole nicht mehr getrunken werden, denn sie wird entweder gar nicht vertragen oder ist zu salzhaltig. Bluthochdruck, Herz- und Nierenkranke oder Menschen, die Entwässerungstabletten (Diuretika) einnehmen, dürfen keine Sole trinken ohne vorher mit dem Arzt/Ärztin darüber gesprochen zu haben.

Dafür ist es gefahrlos und vor allem sehr gesund das Speisesalz in der Küche gegen Kristallsalz auszutauschen.

„Freundschaft ist des Lebens Salz"

Kristallsalz energetisch nutzen

Lebenskraft ist nicht immer sicht- oder greifbar und auch nur schwer nachweisbar. Um die Lebenskraft im Salz wissen Menschen schon seit vielen Jahrhunderten.

Die bioenergetische Wirkung von Kristallsalz habe ich mit einer Rute, einem Pendel oder kinesiologisch getestet. Mit der Rute »befrage« ich die Kristallsalzbrocken nach ihrer energetischen Wirkung auf das Raumklima und teste die nötige Menge der Brocken um Elektrosmog verschiedener elektrischer Geräte zu reduzieren. Kinesiologisch teste ich die Wirksamkeit gegen Erkrankungen.

Wörtlich übersetzt heißt Energie »Kraft« und Bio »Leben«. Kristallsalz enthält eine uralte Lebenskraft, die Millionen Jahre überdauert hat, eine Kraft die übertragbar ist auf Menschen und deren Umgebung. »Kraft« benötigen Menschen, Pflanzen und Tiere zum Über-»leben«.

Die Energie der Kristallstücke ist der mancher Edelsteine vergleichbar, oder sogar stärker. Nur der Preis ist nicht vergleichbar, denn die Kristallsalzstücke sind viel günstiger und, wie ich finde, teilweise sogar dekorativer.

Salz war nicht immer preiswert. In früheren Zeiten galt es, je nach Kultur, als heilig, wurde mit Gold aufgewogen und als Schutz gegen Hexen und Teufel verwendet.

Salz im Volksglauben

In Böhmen und Süddeutschland schützte man sich vor Behexung mit Salzstücken in der Kleidung und in Ostfriesland und Hessen streute man Salz ins Feuer, wenn verdächtige Leute im Haus waren.

»Die Braut salzt die Hochzeitssuppe nach« (Kupferstich aus dem 19. Jahrhundert) In Oberbayern war es Brauch, daß die Braut die Hochzeitssuppe – oft auch mit geweihtem Salz – nachsalzte.

In vielen Hochzeitsbräuchen spielt Salz und Brot eine Rolle, so wurde in Baden das Brautpaar mit Salz vor Behexung und bösen Menschen geschützt. In Bayern wurde zum Schutz vor Unheil der Gäste und des Hauses geweihtes Salz in das Essen gestreut.

Damit das lebenserhaltende Salz und Brot nie ausgehen möge, schenkt man noch heute beides zur Einweihung eines Hauses, einer Wohnung oder nach einem Umzug.

Im Voigtland, Thüringen und der Lausitz streute man in eine Sterbestube drei Häufchen Salz, die zusammengefegt wurden und auf einen Gottesacker oder ein Feld kamen, damit »der Tote nicht wiederkehre«.

In Schlesien streute man beim Kneten Salz kreuzweise auf den Brotteig um diesen vor Behexung zu schützen.

In einigen Kulturen wurde ein wenig Salz zum Schutz gegen das Böse in die Schuhe gestreut.

Die zusammenziehende und reinigende Wirkung des Salzes wurde im Mittelalter zur körperlichen Heilung verwendet, indem in Sole gebadet, Sole aufgetragen oder eingeatmet wurde. Mit der energetischen Kraft des Salzes wurden die Krankheiten durch unterschiedliche Rituale, je nach Kultur, vertrieben.

In dem Bild «**Amoris divini Emblemata**« (Embleme der göttlichen Liebe) des Malers Otto van Veen (1556-1629) wird das Salz als Freundschaftsgabe dargestellt, die den Wert der guten Taten steigert und das menschliche Leben »versüßt«

Noch heute gibt es den Brauch, Kindern auf dem Weg zur Taufe Salz mitzugeben und in der katholischen Kirche wird Salz im Sakrament der Taufe verwendet.

Lampen aus Kristallsalz

Mit ein wenig handwerklichem Geschick können Sie eine Lampe selbst herstellen. Diverse Firmen bieten jedoch auch schöne Lampen an. Sie geben ein romantisches Licht ab, sehen auch ausgeschaltet dekorativ aus und harmonisieren die Umgebung. (Bezugsquellen im Anhang).

Harmonisierung eines Raumes

Haben Sie sich schon einmal in einem Raum unwohl gefühlt und konnten gar nicht sagen warum? Vielleicht stimmte die Harmonie nicht.

Wählen Sie einige schöne Kristallsalzstücke aus und legen Sie sie in eine Schale oder auf einen Teller. Sie können jetzt mit einer Rute, sofern Sie damit umgehen können, die notwendige Menge und den optimalen Stellplatz ausruten. Die Brocken müssen nicht energetisch gereinigt werden, können aber im Sonnenlicht Energie auftanken.

Selbstverständlich können Sie auch in Räume Kristallsalzbrocken legen, in denen Sie sich wohlfühlen, denn dekorativ sind sie allemal.

Kristallsalz gegen Elektrosmog

Je nach Größe und Elektrosmogabstrahlung des Fernsehgerätes und Computerbildschirmes genügen zwei bis drei Brocken Kristallsalz zur Reduzierung des Elektrosmogs. Dafür legen Sie einfach die Kristallsalzbrocken oben auf den Bildschirm.

Verteilen Sie einige Salzbrokken auf dem Bildschirm zur Reduzierung der Strahlung.

Radiowecker strahlen sehr viel stärker, so daß möglicherweise mehrere Kristallbrocken nicht ausreichen. Der Radiowecker gehört in diesem Fall nicht ins Schlafzimmer.

Kristallsalz für Ihr Handy

Schon ein walnußgroßer Kristallsalzbrocken reduziert den Elektrosmog eines Handys. Legen Sie ein entsprechendes Stück zusammen mit dem Handy in die Tasche. Wenn Sie keine Salzkrümel in der Tasche haben möchten, legen Sie den Brocken in einen kleinen Beutel.

Kristallsalz für Ihr digitales Telefon

Digitale Funktelefone, die heute in vielen Haushalten verwendet werden, strahlen sehr viel Elektrosmog ab,

auch wenn nicht damit telefoniert wird. Schaffen Sie sich entweder ein analoges Funktelefon, oder ein Telefon mit Schnur an. Zur Verminderung der Strahlung können Sie um die Station auch einige Kristallsalzbrocken legen.

Reinigung von energetischen Edelsteinen

Sie können Ihre Edelsteine in Wasser oder im Mondlicht reinigen. Nur scheint der Mond meist nicht dann, wenn man eine Steinreinigung machen möchte, und unser Wasser aus der Leitung ist nicht wirklich reinigend.

Die energetische Reinigung mit dem Kristallsalz ist geradezu ideal. Dafür legen Sie Ihre Steine in eine Schale, die mit gemahlenem Kristallsalz oder besser mit kleinen Brocken gefüllt ist. Ein paar Stunden genügen meistens.

Legen Sie die zu reinigenden Edelsteine in die Mitte eines Kreises aus Salz . Sofern vorhanden, können Kristallsalzbrocken im Kreis herumgelegt werden.

Das Salz können Sie viele Male zum Reinigen verwenden. Wenn Sie mit der Rute oder einem Pendel umgehen können, läßt sich der Reinigungserfolg austesten.

Schon die alten Griechen und Römer nutzten Salz und Salzwasser zum Reinigen, für Weihungen und für Entsühnungen.

Raumreinigung

Energetisch unreine Räume wurden früher in einigen Kulturen mit Salz gereinigt. Warum sollte das nicht auch heute möglich sein. Probieren Sie es einfach aus.

Zur Reinigung wurde Salz verstreut, aufgekehrt und ins Feuer geworfen oder auf einem Feld verstreut. Da Salz aber für Pflanzen nicht gut ist, dürfen Sie das natürlich nicht machen.

Kristallsalz gegen Kopfschmerzen

Zur Behandlung legen Sie sich hin und legen einfach einen Brocken Kristallsalz auf die Stirn. Die Energie kann Schmerzen nehmen aber auch verstärken. Nehmen Sie bei Verschlimmerung den Brocken wieder von der Stirn.

Wie bei allen Gesundheitstips hilft es nicht bei jeder Kopfschmerzform und nicht bei jedem Menschen. Probieren Sie es aus, Sie werden in wenigen Minuten merken, ob es lindert oder nicht. Selbstversuche und Versuche von meinen Patienten haben nach 10 bis 15 Minuten Erleichterung gebracht. Mit einem Pendel, einer Rute oder per Kinesiologie läßt sich die Wirksamkeit vorher auch abfragen.

Chakraarbeit

Wenn Sie therapeutisch mit Chakren arbeiten, sollten Sie die Wirkung der Kristallbrocken auf die Chakren testen. Hierfür wird ein Brocken auf ein Chakra gelegt und die Wirkung kinesiologisch oder per Rute oder Pendel getestet. Bei negativer Reaktion muß der Brocken sofort wieder entfernt werden.

Meditationsstein

Wählen Sie einen schönen Brocken aus und benutzen ihn als Meditationsstein. Ob er Ihnen guttut oder nicht werden Sie schnell selbst feststellen.

Kristallsalz mit Energie aus dem Kosmos

Kristallsalz kann mit Sonnen- und Mondlicht aufgeladen werden. Ich kann mir vorstellen, daß man Kristallsalzbrocken auch mit Sternenkonstellationen aufladen kann. Diese Energie wird nicht für immer im Salz bleiben, aber für eine Meditation am nächsten Tag wird es vielleicht ausreichen. Wenn Sie sich mit Astrologie auskennen, sollten Sie es versuchen.

Energetisch aufgeladenes Wasser

Wer die Sole nicht trinken kann oder darf, muß nicht auf die Energie des Kristallsalzes verzichten. Ein Glas Quell-

wasser wird mit Kristallsalzbrocken für eine Stunde umstellt und dann getrunken. Die bioenergetische Energie wurde vom Wasser aufgenommen. Die Kristallsalzbrocken können unendlich viele Male verwendet werden.

Homöopathisches Komplexmittel

Aus dem Kristallsalz läßt sich ein homöopathisches, hochwirksames Mittel herstellen. Allerdings ist es auf Grund seiner zahlreichen Inhaltsstoffe kein »Einzelmittel«, denn diese enthalten nur einen Stoff. Nach den Regeln der Klassischen Homöopathie läßt sich das Mittel aber nicht einsetzen, weil dafür zu viele Inhaltsstoffe vorhanden sind. Ich teste es in meiner Praxis kinesiologisch und staune immer wieder über die zahlreichen Anwendungsmöglichkeiten.

Man kann auf energetischen Wegen mit entsprechenden Geräten das Mittel herstellen oder man »verschüttelt« es nach den alten homöopathischen Regeln.

Für den Hausgebrauch kann ich nur eine niedrige D-Potenz empfehlen, deren Herstellung ich erkläre.

Dabei habe ich die genaue Potenz nicht errechnet, da ich keine Mathematikerin bin. Für die Verschüttelung benötigt man

3 saubere 10 ml Flaschen (Apotheke)
3 Tropfverschlüsse dazu
3 Tropfen gesättigte Kristallsalzlösung
mit Wasser für Injektionszwecke

Wasser für Injektionszwecke erhalten Sie in jeder Apotheke, es enthält keine Keime. (Näheres auf Seite 42)

① In die erste Flasche drei Tropfen gesättigte Kristallsalzlösung geben, mit 30 Tropfen Wasser auffüllen und mehrfach kräftig schütteln.

② Von dieser Verschüttelung drei Tropfen entnehmen, den Rest weggießen, mit 30 Tropfen Wasser auffüllen und ebenfalls kräftig schütteln.

② Von dieser zweiten Verschüttelung wieder drei Tropfen entnehmen, den Rest wieder weggießen, mit 30 Tropfen Wasser auffüllen und ebenfalls kräftig schütteln.

Je öfter dieser Vorgang wiederholt wird, desto wirksamer wird das Mittel, sollte aber ohne den Rat eines Arztes oder eines Heilpraktikers nicht eingenommen werden.

Diese letzte Verschüttelung wird tropfenweise eingenommen. Meistens reicht es, jede Stunde einen Tropfen auf die Zunge zu geben. Ich habe dieses Mittel in meiner Praxis häufig bei Erkältungen als hilfreich getestet und eingesetzt.

Schutzstein für Kinder

Kleine Kinder haben oft Angst vor Gespenstern und bösen Geistern, die sie vom Einschlafen abhalten. Geben Sie Ihrem Kind einen schönen Kristallbrocken mit ins Bett. Erklären Sie, daß dieser Stein sie schützen wird. Erzählen Sie eine kleine phantasievolle Geschichte dazu – Sie wissen doch, der Glaube kann Berge versetzen. Vielleicht lesen Sie aber auch einfach meine kleine Geschichte vor:

Da wo die Walnuß-Elfen leben, gibt es keine Baumgeister. Baumgeister gibt es nämlich eigentlich in vielen Wäldern. Hatte es mit den Nüssen zu tun? Das jedenfalls glaubten die Elfen vieler Generationen und gruben jeden Samen aus, aus dem ein Baum ohne Nüsse wachsen wollte und brachten ihn zum Waldrand. Die Samen wurden von Vögeln manchmal in den Wald gebracht, denn sie fütterten damit ihre Kinder in den Nestern der Nußbäume. So kam es, daß rund um den Nußbaumwald ein bunter Wald mit Birken und Buchen und vielen anderen Bäumen gedieh. Brachte ein Eichhörnchen mal eine Haselnuß, und vergaß sie im Winter, so hüteten die Elfen die kleine daraus sprießende Pflanze und erfreuten sich später an dem in diesem Wald so seltenen Haselnußstrauch.

Doch eines Tages stürmte, regnete und hagelte es und an einer Stelle in der Waldlichtung – ein Platz an dem die Elfen sich bei Vollmond oft versammelten – wurde die Erde weggespült und zum Vorschein kam ein großer weißer Kristall. Am nächsten Morgen schien die Sonne und vertrieb den schrecklichen Sturm, den Regen und den Hagel und die Elfen rannten zur Lichtung und staunten.

Der Kristall war getrocknet und funkelte in der Sonne. Sie waren so begeistert, daß sie niederknieten, ihn berührten und küßten. Sie sahen sich erstaunt an – hatten sie da etwa Salz geschmeckt? Ein Kristall aus Salz? Oder war es ein Salz aus Kristall? Oder war es Kristallsalz?

Unter ihnen gab es einen Gelehrten, der einen großen Schatz an Wissen in sich trug. Beim Anblick des funkelnden Kristalls fiel ihm wieder ein, daß sein Urgroßvater ihm, als er so klein war wie Du jetzt, erzählt hatte, daß Geister Kristallsalz nicht mögen. Nimm also Deinen Geisterschutz-Kristallsalzstein und lege ihn unter Dein Kopfkissen. Kein Geist wird zu Dir kommen, denn Kristallsalz schützt nicht nur Walnußelfen in Walnußwäldern, sondern auch kleine Kinder wie Dich und große Menschen wie mich.

Und weil wir gerade beim Erzählen sind: Kennen Sie die Geschichten rund um die Schildbürger? Sie wollten zum Beispiel Licht in einem Sack in einen Raum tragen – weil beim Hausbau die Fenster vergessen wurden.

So passierte es auch, daß sie bei einem Salzmangel, bedingt durch einen Krieg, meinten, daß Salz wie Zucker auf dem Acker wachsen würde. Nun, Sie ahnen was passierte, sie säten Salz, und weil sie meinten, damit sogar Handel treiben zu können, ließen sie das Feld von vier Hütern – einer an jeder Ecke – bewachen. Mit Blasrohren ausgestattet »erschossen« diese jeden Vogel, der ein Salzkorn stibitzen wollte. Tatsächlich fing es an zu grünen – sie ließen den Acker vor Kühen, Pferden, Schafen und Ziegen von noch mehr Hütern beschützen. Aber die Hüter waren auch nur Menschen und schliefen eines Tages ein.

Sie erwachten und trauten ihren Augen nicht – das Vieh weidete auf dem Salzacker.

Nicht nur die Salzpflanzen wurden gerade zerstört, auch die Saat, welche die Schildbürger zu Ruhm und Reichtum führen sollte, war in Gefahr. Die Hüter wußten sich nicht zu helfen und holten sich Rat in Schilda.

Derjenige, vor dem das Vieh am meisten Angst haben würde, sollte auf einer Hürde, getragen von den Hütern, mit einer Gerte das Vieh vertreiben. Dabei dürfe niemand den Acker betreten. So lautete der Rat.

Gesagt – getan, der Schaden wurde abgewendet, das Salzkraut gedieh – dem Unkraut nicht unähnlich. Ein Bürger Schildas kam dem Salzkraut zu nah und sprang vom Acker – es brannte auf seiner Haut – für ihn ein Beweis, daß das Salzkraut bald reif sein würde. Die Menschen der ganzen Stadt, allen voran der Bürgermeister, überzeugten sich und zogen, bevor es verwelkte, aus, um das Kraut zu ernten- ein schwieriges Unterfangen, denn es stach und brannte und tat weh.

Alle Ernteversuche scheiterten und niemand gab ihnen den Rat, im Winter einfach das Eis hinterm Ofen zu dörren und als Salz zu verwenden.

Natriumchlorid in der Medizin

Natriumchlorid ist lebenswichtig und im Körper enthalten – für jeden erkennbar am Salzgehalt von Tränen und Schweiß.

Natrium ist außerhalb der Körperzellen im Extrazellulärraum und Träger der osmotischen Eigenschaften. In den Zellen und im Zellzwischenraum muß der Flüssigkeitsgehalt ausgeglichen sein. Dafür und für die Funktion und Erregbarkeit der Zellen sorgt unter anderem Natrium.

Natriumchlorid wirkt basisch, verändert – äußerlich angewendet – das saure Milieu und hemmt dadurch ein wenig das Wachsen von Keimen.

Natriumchlorid zieht Wasser an, reinigt und fördert die Hautdurchblutung. Blut hat unter anderem die Aufgabe Keime abzubauen. Da wo mehr Blut ist, wird auch der Abbau verstärkt, ein wichtiger Faktor bei entzündlichen Erkrankungen.

Jodmangel

»Wo viel Licht ist, da ist auch Schatten«, so auch bei dem Kristallsalz aus dem Himalaya – es enthält nur sehr wenig Jod. Für Menschen, die in Küstennähe leben, reicht es aus, nicht aber für diejenigen, die im Landesinneren oder gar in Bergregionen fern ab vom salzigen, jodhaltigen Meer leben.

Jod ist lebensnotwendig, denn es trägt zur Bildung von Schilddrüsenhormonen bei, die an den Funktionen aller Körperzellen beteiligt sind.

Jodmangel bei Schwangeren führt im Extremfall zu geistiger und körperlicher Behinderung (Kretinismus) des Säuglings. Bei Erwachsenen kommt es zum Jodmangelkropf. Trotzdem würde ich auf jeden Fall Kristallsalz bevorzugen, denn gerade jodhaltiges Meersalz enthält viele Umweltgifte.

Jod kann man per Tablette zufügen, was aber mit einem Arzt oder Heilpraktiker abgesprochen werden sollte. Die natürlichste und wie ich meine beste Form ist die Einnahme von jodhaltigen Algen. Die meisten Algen werden in Becken gezüchtet und sind weitgehend frei von Schadstoffen. (Algenbezugsquellen finden Sie im Anhang).

Natürlich können Sie auch einmal wöchentlich Meeresfisch essen – sofern Sie religiös traditionell denken, sollten Sie freitags Fisch essen, denn dann ist die Auswahl in den Geschäften oft reichhaltiger. Leider sind allerdings Meeresfische, genau wie Meersalz, oft schadstoffbelastet.

Gradierwerke

Seit Jahrhunderten schon wird das Einatmen von salzhaltiger Luft zur Behandlung chronischer Atemwegserkrankungen eingesetzt.

Die oft weite Reise an die Nordsee, um durch die salzhaltige Luft zu gesunden, war den meisten Menschen damals nicht möglich. Aber der Weg zum nächsten Gradierwerk war, zumindest für wohlhabende Kranke, schon eher realisierbar. Die Gradierwerke waren über das ganze Land verteilt und auch heute werden sie in einigen Kurorten im Sommer immer noch zu Therapiezwecken genutzt.

Hier das Modell eines Gradiergestells. Über das Schilf läuft die Salzsole und gibt durch Verdunstung salzhaltige Luft ab.

Heute werden Gradierwerke ausschließlich für Kurzwecke genutzt.

Auf dieser Seite sind Kontaktmöglichkeiten zu im Gebrauch befindlichen Gradierwerken angegeben.

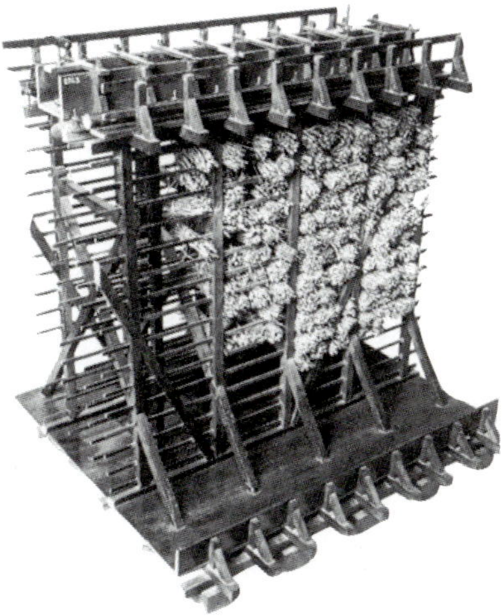

Ursprünglich dienten Gradierwerke dazu, den Salzgehalt von Solequellen zu erhöhen. Dafür wurden z.B. in Italien Schilfrohrgestelle aufgebaut, über die man die Sole rieseln ließ. Dabei verdunstete gering salzhaltiges Wasser und der Salzgehalt stieg an. In Deutschland verwendete man statt Schilf Schwarzdornäste zum Bau der Rieselgestelle.

Heute werden Gradierwerke nicht mehr zur Salzgewinnung verwendet, sondern zum Inhalieren von salzhaltiger Luft gegen Lungen- und Bronchialerkrankungen. Dafür setzen sich die Kranken direkt an die Gradierwerke und atmen die salzhaltige Luft ein. Diese Gradierwerke stehen im Freien. Gradierwerke gibt es zum Beispiel in:

34385 Bad Karlshafen (Tel. 05672-99 99-24)
36433 Bad Salzungen (Tel. 03695-6934-25)
99518 Bad Sulza (Tel. 036461-20254)

Salz in der Luft und im Wasser

Der Aufenthalt an der Ost- oder Nordsee oder in Salzstollen wird Lungen- und Bronchialkranken schon seit Jahrhunderten verordnet. Hauterkrankungen werden ebenfalls durch das Salz in der Luft und im Wasser gelindert.

Menschen mit *Schuppenflechte* (Psoriasis) und schwerer *Chronischer Polyarthritis* wird sogar der Aufenthalt am Toten Meer empfohlen, denn der Salzgehalt ist dort sehr viel höher als in anderen Meeren.

In vielen Kurorten gibt es Solequellen, und es werden dort entsprechende Kuren angeboten.

Kristallsalz in der Naturheilkunde

Die besonderen Inhaltsstoffe, die Reinheit und die energetische Wirkung macht Kristallsalz aus dem Himalaya besonders wertvoll und vielseitig anwendbar in der Naturheilkunde. Es ist sinnvoll einige Kristallsalzbrocken für eine Sole zu verwenden, einige Brocken so zu lassen wie sie sind und das feine Kristallsalzpuder zu verwenden.

Für die folgenden Rezepte und Anwendungshinweise machen Sie sich bitte mit den Mengenangaben vertraut:

Mengenangaben und Abkürzungen

Jeder Löffel und jede Tasse ist unterschiedlich groß. Bei den meisten Rezepten kommt es nicht auf die genaue Menge an. Wenn Sie aber dennoch eine genaue Menge abmessen möchten, kaufen Sie sich einfach eine Spritze in der Apotheke. Sie haben dann für wenig Geld etwas, womit Sie im Milliliterbereich abmessen können. Die Spritze können Sie selbstverständlich immer wieder benutzen. Hier die Erklärung einiger Abkürzungen:

EL = Eßlöffel
TL = Teelöffel
MSP = Messerspitze

2 ml sind etwa soviel wie in einen Teelöffel paßt
5 ml sind etwa soviel wie in einen Eßlöffel paßt
1 ml sind knapp 30 Tropfen
1 Tasse sind rund 200 ml Wasser

Gesättigte Kristallsalzlösung herstellen

Für die Verwendung der Brocken als Kochsalzersatz oder für das Trinken von Sole benötigen Sie eine gesättigte Salzlösung. Hat man 26 Gramm Salz in 100 ml Wasser aufgelöst, ist die entstandene Lösung gesättigt. Mehr als 26% Salz kann das Wasser nicht aufnehmen. Entnehmen Sie die Sole nach Bedarf und füllen Sie immer wieder Wasser nach, bis die Brocken verbraucht sind.

Kristallsalz mit Wasser für Injektionszwecke

Sofern Sie das Kristallsalz für empfindliche Schleimhäute oder für die Augen anwenden, sollten Sie *Wasser für Injektionszwecke* aus der Apotheke verwenden. Sie können dann sicher sein, daß keine gesundheitsgefährdenden Keime im Wasser enthalten sind. Vor allem beim Inhalieren mit einem preßluftbetriebenen Inhaliergerät ist die Reinheit des Wassers wichtig.

1 kleines Glas mit Deckel (Marmeladenglas)
1 Brocken Kristallsalz
1 Liter Wasser für Injektionszwecke (Apotheke)

Das Glas zunächst mit kochendem Wasser ausspülen und mit Wasser für Injektionszwecke nachspülen.

Wasser für Injektionszwecke gibt es in jeder Apotheke. Am besten Sie kaufen gleich zwei dicke Injektionsnadeln und eine 10 ml Spritze dazu. Beide Nadeln stecken Sie in den Gummiverschluß. Eine Nadel wird Luft in die Flasche lassen, auf die andere Nadel kommt die Spritze, mit der Sie dann das Wasser herausziehen können.

Den Salzbrocken sollten Sie mit Hilfe einer sauberen Pinzette in etwas Wasser für Injektionszwecke abspülen, in das Glas legen, mit Wasser für Injektionszwecke auffüllen und verschließen.

Die Lösung ist gesättigt, enthält also 26% Kristallsalz, wenn ein Rest des Brockens unaufgelöst im Glas verbleibt. Gegebenenfalls müssen Sie einen zweiten kleinen Brocken Kristallsalz hinzufügen. Wenn Sie nun Sole entnehmen wollen, sollten Sie dafür eine kleine Spritze (ohne Nadel) aus der Apotheke verwenden.

Für Nasentropfen ist eine derart saubere Arbeit nicht unbedingt nötig, aber für die Inhalation und für Augentropfen halte ich es für angebracht.

Da sich die so aufbereitete gesättigte Lösung durch die Reinheit des Kristallsalzes und des Wassers lange hält, haben Sie jederzeit eine saubere Stammlösung für viele Zwecke zur Verfügung.

Kristallsalz mit Leitungs- oder Quellwasser

Für die Küche oder für die äußere Anwendung oder zum Trinken von Sole genügt die gesättigte Salzlösung mit Leitungswasser.

1 Glas, gefüllt mit Kristallsalzbrocken
Leitungs- oder Quellwasser

Das Glas einfach mit Wasser auffüllen und verschließen. Für diesen Zweck wird Kristallsalz in Gläsern angeboten.
Das Wasser sollte kaltes Leitungs- oder Quellwasser sein. Warmes Leitungswasser war unter Umständen zu lange

in der Warmwasseraufbereitungsanlage und könnte Keime enthalten.

Nach jeder Entnahme wird das Wasser wieder aufgefüllt. So haben Sie immer etwas gesättigte Kristallsalzlösung von 26% zur Verfügung.

Diese Lösung wird entweder pur oder mit Wasser verdünnt angewendet.

Kristallsalz für die Augen

Bindehautentzündung, allergische Augen

Das homöopathische Mittel Euphrasia hilft bei vielen unterschiedlichen Augenerkrankungen wie beispielsweise Bindehautentzündung, allergischen Reaktionen der Augen und Reizungen des empfindlichen Bindehautsacks. Sollte allerdings innerhalb von einem Tag keine Besserung eintreten, müssen weitere therapeutische Schritte unternommen werden.

10 ml Pipettenflasche (Apotheke)
ca. 0,35 ml gesättigte Kristallsalzlösung
mit Wasser für Injektionszwecke
10 ml Wasser zu Injektionszwecken
1 Globuli Euphrasia D6

Das homöopathische Mittel Euphrasia in der Kristallsalzlösung auflösen und einmal kurz schütteln.

Diese Augentropfen mehrmals täglich in den Bindehautsack einträufeln. Die Mengen lassen sich am besten mit einer kleinen Spritze aus der Apotheke abmessen.

Diese Augentropfen sollten Sie nur wenige Tage aufheben und die Flasche, die Pipetten und die Spritze mit Wasser abspülen und nach dem Trocknen in einem Beutel für das nächste Mal aufbewahren. Augentropfen sollten möglichst sauber, müssen aber nicht steril sein.

Augenspülung

Augenspülungen sind hilfreich, um Fremdkörper zu entfernen oder bei starken allergischen Reaktionen. Mit einer Augenspülung kann man beispielsweise Pollen aus den Augen spülen.

2 ml gesättigte Kristallsalzlösung
mit Wasser für Injektionszwecke
40 ml Wasser zu Injektionszwecken
50 ml Pipettenflasche

In Apotheken gibt es extra kleine Gefäße zum Ausspülen von Augen. Einfacher ist es aber, das Spülwasser in eine Pipettenflasche zu füllen und mit der Pipette sehr viel davon in die Augen zu träufeln; Taschentücher darunter gehalten, saugen das ablaufende Wasser auf.

Kristallsalz gegen müde Augen

1 TL gesättigte Kristallsalzlösung
1 Tasse lauwarmes Leitungswasser
1 Gästehandtuch

Die Kristallsalzlösung in einer kleinen Schüssel mit dem Wasser vermischen, das Handtuch hineintauchen, auswringen und auf die geschlossenen Augen legen. Dabei hinlegen und die Augen schließen.

Kristallsalz für die Ohren

Kristallsalz gegen Ohrenschmerzen

Salzsäckchen lindern Ohrenschmerzen. Einmal hergestellt können sie ganz oft angewendet werden. Nicht nur die Wärme tut gut, auch die erhöhte Durchblutung heilt. Vor allem Kinder spüren, daß ihr Leid ernst genommen wird. Die Kinder werden am Heilungsprozeß beteiligt, denn sie müssen sich das Säckchen an das Ohr halten.

1 kleine Tasse gemahlenes Kristallsalz
1 Baumwoll-, Leinen- oder Seidentuch,
etwa 40 x 40 cm groß
1 Bindfaden etwa 20 cm lang

Das Kristallsalz in die Mitte des Tuchs gießen, die Ecken hochnehmen, in eine Hand nehmen und mit der anderen Hand so umgreifen, daß ein kleiner Sack entseht. Dieser wird dann mit dem Bindfaden verschnürt.

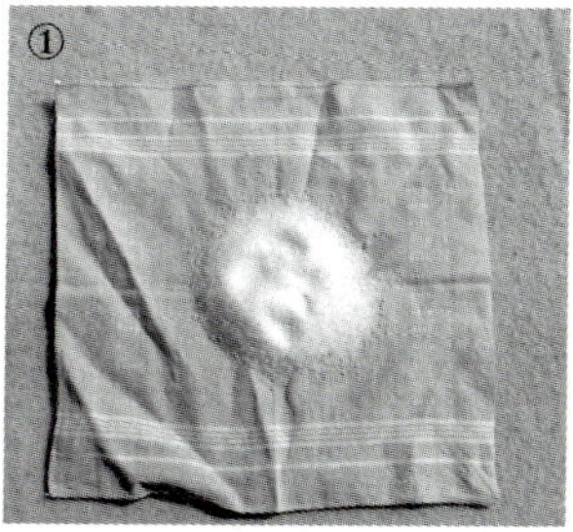

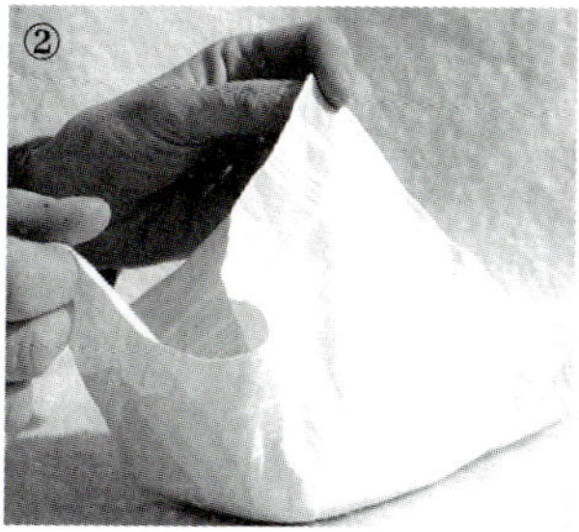

① Geben Sie etwas Salzgranulat in ein Taschentuch.
② Das Tuch an den vier Ecken zusammenführen.
③ Eine Schnur fest, mehrere male herumwickeln und verknoten.

Das Säckchen anschließend auf einem Deckel (siehe unten) erwärmen.

Währenddessen in einem Kochtopf etwas Wasser zum Kochen bringen, mit einem großen Teller abdecken und das Säckchen auf den Teller stellen.

Nach wenigen Minuten ist das Säckchen erwärmt und kommt dann auf das kranke Ohr. Jedoch Vorsicht: das Säckchen darf nicht zu heiß sein.

Kristallsalzsocke

1 Tasse gemahlenes Kristallsalz
1 große Baumwollsocke

Das Salz in die Socke füllen, wie oben beschrieben erwärmen und auf das kranke Ohr legen. Sie können natürlich auch Socken aus anderem Material verwenden, aber Baumwolle ist am unempfindlichsten.

Kristallsalz und Kamille gegen Ohrenschmerzen

Die Verbindung Kristallsalz und Kamille ist ideal, denn Kamille reduziert zusätzlich die Entzündung und duftet gut, gerade bei Kindern ist dies ein wichtiger Faktor.

1/2 kleine Tasse gemahlenes Kristallsalz
2 - 3 EL Kamilleblüten
1 Baumwoll-, Leinen- oder Seidentuch, etwa 40x40 cm groß
1 Bindfaden etwa 20 cm lang

Das Kristallsalz und die Kamille in die Mitte des Tuchs schütten, die Ecken hochnehmen, in eine Hand nehmen und mit der anderen Hand so umgreifen, daß ein kleiner Sack entseht. Dieser wird dann mit dem Bindfaden verschnürt.

Nebenbei in einem Kochtopf etwas Wasser zum Kochen bringen, mit einem großen Teller abdecken und das Säckchen auf den Teller stellen.

Nach wenigen Minuten ist das Säckchen erwärmt und kommt dann auf das kranke Ohr. Jedoch Vorsicht: das Säckchen darf nicht zu heiß sein.

Kristallsalz gegen Schnupfen

Nasentropfen mit Kristallsalz

Akuter und chronischer Schnupfen bei Kindern und Erwachsenen kann mit Kristallsalz gut behandelt werden. Bei chronischem Schnupfen sollte allerdings die Ursache gesucht und behandelt werden. Bei allergischem Schnupfen lindern und reinigen Nasentropfen die Nasengänge.

10 ml Pipettenflasche (Apotheke)
0,5 ml 26% Kristallsalzlösung
mit Wasser zu Injektionszwecken
8 ml Wasser zu Injektionszwecken

Sole und Wasser in die Pipettenflasche füllen und mehrmals täglich in die Nase träufeln. Da in der Nase Keime sind, dürfen die Nasentropfen nur von einer Person benutzt werden. Flasche und Pipette können nach dem Abspülen mit kochendem Wasser, bei Bedarf erneut benutzt werden.

Für Nasentropfen ist eigentlich auch Leitungswasser geeignet. Die kranken Nasenschleimhäute sind aber sehr empfindlich und empfänglich für im Leitungswasser befindliche Keime.

Nasentropfen mit Speiklavendel

Speiklavendel wirkt schleimlösend und ist bei verstopfter Nase sehr hilfreich. Bei starker Verstopfung kann die Tropfenzahl vorsichtig erhöht werden.

10 ml Pipettenflasche (Apotheke)
0,5 ml gesättigte Kristallsalzlösung mit Wasser zu Injektionszwecken
8 ml Wasser zu Injektionszwecken
2 Tropfen ätherisches Öl Speiklavendel

Sole, Wasser und Speiklavendel in die Pipettenflasche füllen, kurz schütteln und mehrmals täglich in die Nase träufeln. Da in der Nase Keime sind, dürfen die Nasentropfen nur von einer Person benutzt werden. Flasche und Pipette können nach dem Abspülen mit kochendem Wasser erneut benutzt werden.

Nasentropfen mit Luffa

Luffa ist ein vielseitig einsetzbares homöopathisches Mittel, denn es löst Schleim und hilft bei Fließschnupfen

10 ml Pipettenflasche (Apotheke)
0,5 ml gesättigte Kristallsalzlösung mit Wasser zu Injektionszwecken
8 ml Wasser zu Injektionszwecken
1 Globuli Luffa D6

Wasser, Sole und Luffa in die Pipettenflasche füllen und nach dem Auflösen des Globuli kräftig schütteln. Diese

Nasentropfen mehrmals täglich in die Nase träufeln. Da in der Nase Keime sind, dürfen die Nasentropfen nur von einer Person benutzt werden. Flasche und Pipette können nach dem Abspülen mit kochendem Wasser erneut benutzt werden.

Durch das Schütteln wird auch das Kristallsalz wirkungsvoller, deshalb würde ich für diese Nasentropfen kein Leitungswasser verwenden.

Nasentropfen mit Speiseöl

Das Öl hilft bei trockener Nasenschleimhaut, die oft in Verbindung mit »verstopfter« Nase auftritt.

10 ml Tropfflasche (Apotheke)
0,5 ml gesättigte Kristallsalzlösung
mit Wasser zu Injektionszwecken
1 - 2 ml gutes kalt gepreßtes Speiseöl
5 ml Wasser zu Injektionszwecken
2 - 3 Tropfen ätherisches Öl Speiklavendel

Wasser, Sole, Öl und Speiklavendel in die Pipettenflasche füllen und vor jedem Gebrauch kräftig schütteln. Das Nasenöl auf den kleinen Finger träufeln und in den Nasenlöchern verteilen.

Nasenspülung

Nasenspülungen mit Sole gehören zum Yoga und sind eine Reinigungsübung. Aber auch wenn Sie kein Yoga praktizieren, sollten Sie bei chronischen Erkrankungen der Nasenschleimhäute oder bei allergischem Schnupfen regelmäßig eine Nasenspülung durchführen. Meist genügt die morgendliche Spülung, es spricht aber auch nichts gegen eine häufigere Anwendung. Mit etwas Übung gelingt das leicht und ist sehr wohltuend.

200 ml lauwarmes Wasser
7 ml gesättigte Kristallsalzlösung
mit Leitungswasser
1 Nasenspülkännchen

Das Wasser und die Sole in das Nasenspülkännchen füllen. Bei sehr gereizter Nasenschleimhaut die gesättigte Lösung halbieren. Die Tülle des Kännchens wird jetzt an ein Nasenloch gehalten, der Kopf nach vorne gebeugt und zur Seite geneigt, dabei muß die Tülle im »oberen« Nasenloch stecken. Der Mund sollte offen sein, denn die Atmung muß durch den Mund erfolgen. Durch die Neigung des Kopfes läuft die Sole aus dem anderen Nasenloch wieder heraus. Der Vorgang wird mit dem anderen Nasenloch wiederholt,

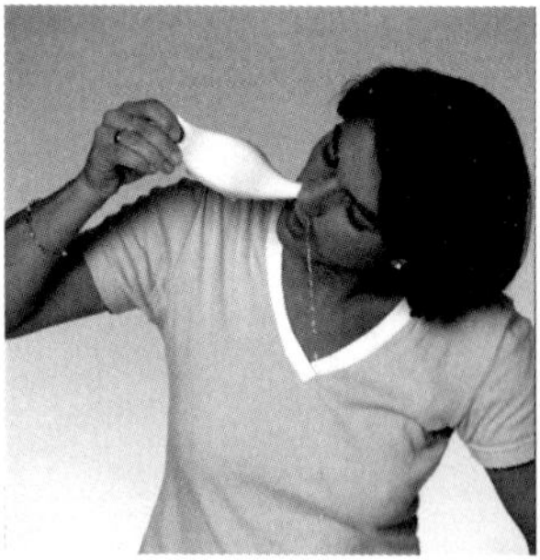

Lassen Sie sich durch anfängliches »Prusten« nicht entmutigen. Nach ein wenig Übung geht es – und ist sehr wohltuend.
Bezugsquellen für Nasenspühlkännchen finden Sie im Anhang.

die Nase dann vorsichtig ausschneuzen. Die restliche Sole kommt heraus, wenn Sie sich vorbeugen und gleichzeitig den Oberkörper seitwärts neigen.

Ist die Nase verstopft, beginnt man mit der Spülung des freieren Nasenlochs. Das Salz löst den festsitzenden Schleim auf, auch wenn man erst einmal den Eindruck hat, daß kein Durchkommen ist.

Luffa-Nasenspülung

200 ml lauwarmes Wasser oder
Wasser für Injektionszwecke
7,0 ml gesättigte Kristallsalzlösung
mit Wasser zu Injektionszwecken
5 Globuli Luffa D6
1 saubere leere Flasche
1 Nasenspülkännchen

Wasser, Sole und Luffa in eine Flasche füllen und nach dem Auflösen der Globuli kräftig schütteln. Durch das Schütteln wird auch das Kristallsalz homöopathisch verschüttelt, deshalb würde ich für diese Spülung kein Leitungswasser verwenden.

Diese Luffaspülung 1 x wöchentlich durchführen wie oben beschrieben.

Kristallsalz für Mund und Rachen

Kristallsalz-Gurgelwasser

Gegen Halsschmerzen und leichte Mandelentzündungen hilft Gurgeln mit einer Kristallsalzlösung.

2 - 3 EL gesättigte Kristallsalzlösung
1 Tasse lauwarmes Wasser

Die gesättigte Lösung in lauwarmes Leitungswasser geben und damit mehrmals täglich gurgeln und den Mund ausspülen. Für jede Anwendung eine neue Lösung herstellen.

Salbei-Kristallsalz-Gurgelwasser

Die Kombination Kristallsalz und Salbei ist ideal gegen Entzündungen im Mund- und Rachenraum. Dazu zählen vor allem Mandelentzündungen.

2 - 3 EL gesättigte Kristallsalzlösung
1 Tasse kochendes Wasser
1 EL Salbeiblätter (Apotheke)

Die Salbeiblätter mit der Tasse kochendem Wasser übergießen, nach 10 Minuten durchsieben und das Salz hinzufügen. Mit dieser Lösung mehrfach täglich gurgeln und den Mund ausspülen. Natürlich muß die Lösung jedesmal neu hergestellt werden.

Salbei-Kamille-Kristallsalz-Gurgelwasser

Die Kombination Kristallsalz, Kamille und Salbei ist noch besser gegen Entzündungen im Mund- und Rachenraum.

2 - 3 EL gesättigte Kristallsalzlösung
1 Tasse kochendes Wasser
1 TL Salbeiblätter (Apotheke)
1 TL Kamilleblüten (Apotheke)

Die Salbeiblätter und die Kamilleblüten mit der Tasse kochendem Wasser übergießen, nach 10 Minuten durchsieben und das Salz hinzufügen. Mit dieser Lösung mehrfach täglich gurgeln und den Mund ausspülen. Die Lösung für jede Behandlung neu herstellen.

Salzbonbons gegen Halsschmerzen

Auch hier gilt, wie bei dem Trinken von Sole, daß diese Bonbons von Nieren-, Herz- und Bluthochdruckkranken nicht oder nur in kleiner Menge gelutscht werden dürfen.

Sie benötigen einen kleinen Kochtopf ohne Deckel, einen Schneebesen, einen Kochlöffel oder Pfannenheber (möglichst aus Holz), etwa 40 cm Backpapier auf einem kleineren Holzbrett, zwei Messer und ein trockenes Glas mit Deckel für die fertigen Bonbons.

100 g Agavendicksaft
1 leicht gehäufter TL (4 - 6 g) Kristallsalzpuder
1 gestrichener TL Weinsteinbackpulver
1 EL Mais- oder Kartoffelstärke

Köstlich! Der Teller war nach dem Fototermin schnell halbleer ....

① Agavendicksaft und Kristallsalz in einem Topf ohne Deckel knapp fünf Minuten bei mittlerer Hitze kochen, damit das Wasser verdunsten kann. Anschließend den Topf vom Herd nehmen und diesen ausschalten.

② Das Weinsteinbackpulver mit einem Schneebesen unterrühren.

③ Mit einem Pfannenheber oder Kochlöffel aus Holz rühren, bis die Masse etwas abgekühlt ist.

④ Die Masse auf ein Backpapier gießen und mit einem Kochlöffel oder Pfannenheber den Topf leeren. Vorsicht, die Masse ist sehr heiß.

⑤ Damit die Ränder nicht hart werden, mit einem Messer die Masse von außen nach innen streichen, bis sie soweit abgekühlt ist und sich anfassen läßt. Mit dem zweiten Messer das erste Messer gelegentlich von der Masse befreien.

⑥ Die Masse vom Papier »puhlen«, in die Hände nehmen, auseinander ziehen, zusammenfalten, auseinanderziehen, zusammenfalten usw. bis die Masse zäh und lauwarm wird.

⑦ Eine »Wurst« ziehen oder rollen und diese, bevor sie ganz kalt ist, mit einer Schere in kleine Stücke schneiden.
⑧ Die erkalteten, geschnittenen Stücke in ein Glas geben, etwas Maisstärke als Trennmittel dazugeben, das Glas verschließen und schütteln, denn das Trennmittel muß sich gut verteilen.

Da die so hergestellten Bonbons den Tagesbedarf an Salz decken, dürfen davon nur wenige pro Tag gelutscht werden.

Kristallsalz-Ölziehkur

Die Ölziehkur kommt aus der indischen Ayurveda-Medizin und entgiftet den Körper. Sie kräftigt außerdem das Zahnfleisch und wird normalerweise ohne Salz durchgeführt.

Da jedoch Natriumchlorid (Salz) das Milieu im Mund alkalisch (basisch) macht und das ein schlechter Nährboden für Bakterien ist, ist eine Ölziehkur mit Kristallsalz sinnvoll – wer möchte schon gern Bakterien im Mund haben. Das Öl entgiftet, stärkt und reinigt das Zahnfleisch. Eine Ölziehkur ersetzt natürlich nicht die gründliche Pflege mit einer Zahnbürste und einer guten Zahncreme. Nach der Ölziehkur ist das Zähneputzen notwendig.

1 sauberes Marmeladenglas
1 TL Kristallsalz
200 ml Sonnenblumen- oder Sesamöl

Das Öl in einem Topf etwas erwärmen, das Kristallsalz darin auflösen, in ein sauberes Glas füllen und nach dem

Erkalten das Glas verschließen. Jeden Morgen, vor dem Zähneputzen oder dem ersten Trinken, einen Eßlöffel in den Mund nehmen. Das Gemisch »kauen«, bis der Geschmack nach wenigen Minuten unerträglich wird, dann ausspucken.

Zahncreme-Ersatz

Das Kristallsalz wirkt wie ein Putzkörper und hemmt die Bakterienbildung.

1 MSP fein gemahlenes Kristallsalzpuder

Das Salz auf die Zahnbürste streuen und die Zähne wie gewohnt putzen und ausspülen. Sie werden staunen wie gut das geht.

Dieser Zahncreme-Ersatz ist auch für Kinder geeignet, denn sie schlucken wohlschmeckende Zahncreme gerne, was in Einzelfällen zu Verstopfung führen kann. Kristallsalz schmeckt einfach nicht und wird daher nach dem Putzen gerne wieder ausgespuckt. Kleine Kinder sind jedoch meist nicht willens, mit Salz die Zähne zu putzen.

Kristallsalz-Zahncreme

Zahncreme mit wenig Zusatzstoffen
z.B. Lavera neutral (Bioladen)
Kristallsalzpuder

Zuerst eine Prise Salz auf die Zahnbürste streuen, dann die Zahncreme dazugeben und mit dieser »Mischung« die Zähne wie gewohnt putzen.

Kristallsalzlösung statt Zahncreme

1 Glas gesättigte Kristallsalzlösung
1 Glas Leitungswasser
1 leeres Glas mit Deckel

Wasser und Kristallsalzlösung in das Glas füllen und zum Zähneputzen die Bürste eintauchen. Diese Methode ist gut für empfindliches Zahnfleisch, denn die Lösung enthält keine Schleimhaut reizenden Putzkörper.

Mundspülung Kristallsalzlösung

1 EL gesättigte Kristallsalzlösung
2 EL Wasser

Beides in ein Glas füllen und nach dem Zähneputzen mit »normaler« Zahncreme, die Kristallsalzlösung in den Mund nehmen, dort mit Kaubewegungen verteilen und wieder ausspucken. Den Mund mit Wasser nachspülen.

Mundspülung für Kinder

1 kleines Glas Wasser
1 EL gesättigte Kristallsalzlösung

Nach jedem Zähneputzen den Mund mit dieser Sole ausspülen. Da Kinder beim Gurgeln und Mundspülen häufig versehentlich schlucken, darf die Salzkonzentration nicht zu hoch sein.

Kristallsalz gegen Lippenherpes

Kristallsalzlösung

Je früher die Behandlung einsetzt, desto schneller die Heilung. Bei den meisten Menschen ist der Lippenherpes ein Vorbote für Erkältungen. Eine gleichzeitige Abwehrsteigerung ist sinnvoll. Baden Sie im Kristallsalz, möglicherweise hilft das schon.

1 TL gesättigte Kristallsalzlösung

Die Sole möglichst mit einem kleinen Pinsel oder mit den Fingern mehrmals täglich auf die Bläschen auftragen. Vorsicht bei kleinen Kindern, denn die Kristallsalzlösung brennt, wenn die Bläschen offen sind.

Melissensole

1 leerer Teebeutel aus Papier
2 EL feine Melissenblätter
gesättigte Kristallsalzlösung

Die Melissenblätter in den Teebeutel einfüllen, in eine Tasse legen und mit kochender, gesättigter Kristallsalzlösung bedecken. Nach 10 Minuten den Beutel herausnehmen und für 15 Minuten auf die erkrankte Stelle legen. Dieser Vorgang muß mehrmals täglich wiederholt werden, dafür muß aber der Beutel nicht erneuert werden, es sei denn, die Bläschen sind offen und nässen.

Kristallsalz-Heilerde

1 TL gesättigte Kristallsalzlösung
2 TL Heilerde

Aus beiden Zutaten eine Paste rühren, mit einem Finger mehrmals täglich auf die Herpesstelle auftragen. Nach etwa 5 - 10 Minuten wird die Paste trocken und kann abgebröselt werden. Die Behandlung kann mehrmals täglich erfolgen. Damit die überschüssige Paste nicht austrocknet, mit einer Küchenfolie abdecken.

Kristallsalz für die Atemwege

Isotone Kristallsalzlösung inhalieren

Elektrische Inhaliergeräte verdampfen den eingefüllten Inhalt ohne Erwärmung. Eingeatmet wird also feuchte Luft mit aufgelöstem Salz. Dafür gibt es extra Ampullen mit 0,9% Natriumchloridlösung aus der Apotheke. Mit Wasser für Injektionszwecke und Kristallsalz können Sie sich aber die Inhalierlösung selbst herstellen.

Durch die Behandlung werden die Schleimhäute zur Selbstreinigung angeregt. Vorsicht, es kann zu einer Verengung der Atemwege mit akuter Atemnot kommen. In diesem Fall muß die Behandlung sofort abgebrochen werden.

10 ml Wasser zu Injektionszwecken
0,35 ml gesättigte Kristallsalzlösung
mit Wasser zu Injektionszwecken

Bei Bedarf 3 - 4 x täglich je 5 ml inhalieren. Die Anwendung dauert etwa 10 - 15 Minuten.

Die Salzkonzentration sollte etwa 0,9% betragen, messen Sie die Flüssigkeiten am besten mit einer Spritze ab.

Hypertone Kristallsalzlösung inhalieren

Bei starken Entzündungen der Atemwege kann es sinnvoll sein die Salzkonzentration zu erhöhen. Vorsicht, auch hier kann es zu einer Verengung mit akuter Atemnot kommen. Die Behandlung muß dann sofort abgebrochen werden.

9 ml Wasser zu Injektionszwecken
1 ml gesättigte Kristallsalzlösung
mit Wasser zu Injektionszwecken

Bei Bedarf 3 - 4 x täglich je 5 ml inhalieren. Die Anwendung dauert etwa 10 - 15 Minuten.

Tassen-Inhalation mit Kristallsalz

1 Tasse gesättigte Kristallsalzlösung
mit Leitungswasser

Die Kristallsalzlösung aufkochen, in eine Tasse füllen, direkt unter die Nase halten und atmen. Diese Kristallsalzlösung kann mehrmals täglich erwärmt und angewendet werden. Nach jeder Anwendung etwas Wasser auffüllen.

Tassen-Inhalation mit Kamille

Kamille hemmt Entzündungen der Schleimhaut in den oberen Atemwegen. Kamille wirkt mild und ist auch für Kinder geeignet.

1 Tasse gesättigte Kristallsalzlösung
mit Leitungswasser
1 TL Kamilleblüten

Die Kristallsalzlösung aufkochen, die Kamillenblüten in einer Tasse damit übergießen, direkt unter die Nase halten und atmen.

Tassen-Inhalation mit Speiklavendel

Statt Speiklavendel eignet sich auch Eukalyptusöl. Beide wirken schleimlösend und sind für Kinder geeignet. Bei kleinen Kindern die Tropfenzahl reduzieren.

1 Tasse gesättigte Kristallsalzlösung mit Leitungswasser
3 Tropfen ätherisches Öl Speiklavendel

Die Kristallsalzlösung aufkochen, in eine Tasse gießen, Speiklavendel dazu tropfen, direkt unter die Nase halten und atmen. Mit den Händen können Sie zusätzlich einen Trichter bilden, um die Wirkung zu verstärken.

Tassen-Inhalation mit Thymian

Thymian wirkt stark schleimlösend, ist aber für kleine Kinder zu scharf.

1 Tasse gesättigte Kristallsalzlösung mit Leitungswasser
1 Tropfen ätherisches Öl Thymian

Die Kristallsalzlösung aufkochen, in eine Tasse gießen, Thymianöl dazu tropfen, direkt unter die Nase halten und atmen. Mit den Händen können Sie zusätzlich einen Trichter bilden, um die Wirkung zu verstärken.

Starkes Erkältungsdampfbad

Für Kinder ist diese Mischung nur ohne Thymian geeignet.

1 Liter Leitungswasser
1 Tasse Kamillenblüten
2 Tassen gesättigte Kristallsalzlösung
1 Tropfen ätherisches Öl Thymian
2 Tropfen ätherisches Öl Speiklavendel

Das Wasser aufkochen, die Kamille unterrühren und das Wasser bei niedrigster Stufe auf dem Herd warm halten. Nach 5 Minuten durch ein Sieb in eine Schüssel füllen und das Kristallsalz und die ätherischen Öle zufügen.

Würden die Kamilleblüten in der Schüssel bleiben, könnte das ätherische Öl nicht entweichen.

Den Kopf 10 bis 15 Minuten über die dampfende Schüssel halten und mit einem großen Handtuch abdecken. Danach unbedingt noch eine Weile ruhen.

Erkältungswickel mit Salzwasser

1 Liter warmes Leitungswasser
2 Tassen gesättigte Kristallsalzlösung
1 Bettlaken
1 Plastikfolie (aufgeschnittener großer Müllsack)

Das warme Wasser mit der gesättigten Lösung in einer Schüssel mischen, das Bettlaken eintauchen, etwas auswringen und um den Körper wickeln. Umwickelt mit zwei Handtüchern für eine Stunde in einem warmen Bett ruhen. Die Folie zum Schutz vor Feuchtigkeit auf die Matratze legen. Die Bettdecke wird nicht so schnell naß, weil Wasser bekanntlich nach unten abläuft.

Erkältungsbad für Erwachsene

250 g Kristallsalz (Brocken oder Granulat)
20 Tropfen ätherisches Öl Speiklavendel
15 Tropfen ätherisches Öl Latschenkiefer
5 Tropfen ätherisches Öl Thymian
1 Eierbecher gutes kalt gepreßtes Speiseöl

Zunächst etwas heißes Wasser in die Wanne füllen und das Salz hineinlegen. Nachdem sich das Salz gelöst hat, die Wanne mit Wasser füllen, die ätherischen Öle und das Speiseöl einfüllen und darin baden. Nach dem Bad in ein Handtuch wickeln und eine Stunde in einem warmen Bett ruhen.

Erkältungsbad für Kinder

Vorsicht: das Öl macht die Badewanne glitschig, Kinder rutschen ganz leicht aus und können sich verletzen. Bitte bleiben Sie während der ganzen Badedauer direkt bei Ihrem Kind. Vor allem kleine Kinder dürfen keine Sekunde allein sein.

150 g Kristallsalz (Brocken oder Granulat)
10 Tropfen ätherisches Öl Speiklavendel
10 Tropfen ätherisches Öl Latschenkiefer
1/2 Eierbecher gutes kalt gepreßtes Speiseöl

Zunächst etwas heißes Wasser in die Wanne füllen und das Salz hineingeben. Nach dem Auflösen die Wanne mit Wasser füllen, die ätherischen Öle und das Speiseöl einfüllen und darin baden. Nach dem Bad in ein Handtuch wickeln und für eine Stunde in einem warmen Bett ruhen.

Kristallsalz zur Entgiftung

Sole trinken

Zur Entgiftung und inneren Reinigung trinkt man täglich ein Glas Sole. Gleichzeitig muß viel Wasser getrunken werden. Als Mindesttrinkmenge gilt je 25 kg Körpergewicht etwa 1 Liter Flüssigkeit, was aber zum Entgiften nicht ausreicht. Kaffee und grüner oder schwarzer Tee

zählen nicht dazu. Milch und Suppe sind Nahrungsmittel und keine Getränke. Nieren-, Herz- und Bluthochdruckkranke sollten nur 1 x täglich ein Wasserglas mit nur einem Tropfen Sole trinken.

1 Glas Quellwasser oder natriumarmes Wasser
bis 1 TL gesättigte Kristallsalzlösung

Die gesättigte Salzlösung zunächst nur tropfenweise dem Quellwasser zufügen und bei Verträglichkeit die Dosis bis zu einem Teelöffel steigern. Wichtig ist nicht so sehr das materielle Kristallsalz, als vielmehr die Information. Möglicherweise erreichen Sie ohnehin mit einem Tropfen mehr als mit einer »echten Sole«, nach dem Motto: weniger ist manchmal mehr.

Kristallsalz-Einreibungen

Die Haut ist unser größtes Organ und an der Entgiftung des Körpers beteiligt. Mit Kristallsalz-Anwendungen kann die Haut in diesem Prozeß unterstützt werden.

Aber auch gesunde Haut fühlt sich nach einer Behandlung mit Kristallsalz weicher und geschmeidiger an. Nur verletzte Haut sollte nicht mit Salz in Berührung kommen, denn das ist eine Qual – es brennt unerträglich.

3 EL Kristallsalzpuder
1 flacher Teller

Das Salz auf den Teller streuen und neben die Dusche stellen.

Nach dem Duschen den nassen Körper mit dem Salz kräftig einreiben. Dafür die nassen Hände in den Teller mit Salz drücken und zuerst die Beine von unten nach oben einreiben. Die Hände erneut in das Salz drücken und die Arme von den Händen zur Schulter einreiben. Zum Schluß den Körperstamm einreiben. Das Salz bis zu fünf Minuten auf der Haut lassen und dann abduschen.

Einreibung mit Kristallsalzlösung

Diese Anwendung ist etwas sanfter. Bei sehr empfindlicher Haut kann der Kristallsalzlösung noch Wasser zugefügt werden.

2 - 3 Bechertassen gesättigte Kristallsalzlösung
1 Waschlappen

Nach dem Duschen den Körper mit einem in der Kristallsalzlösung getränkten Waschlappen abreiben und nach 5 Minuten abduschen.

Kristallsalz-Öl Einreibung

40 ml gesättigte Kristallsalzlösung
40 ml gutes kalt gepreßtes Speiseöl
100 ml Flasche

Beide Zutaten in eine Flasche oder ein Glas füllen, verschließen und durch kräftiges Schütteln emulgieren. Vor dem Duschen den ganzen Körper damit einreiben und nach 5 - 10 Minuten abduschen.

Salzhemd zur Entgiftung

Die Anwendung hilft auch gegen Erkältungen und bei Schulter-Arm-Schmerzen.

1 Liter warmes Wasser
2 - 3 Bechertassen gesättigte Kristallsalzlösung
1 Baumwollhemd mit langen Armen
Handtücher

Das warme Wasser mit der Kristallsalzlösung verrühren, das Hemd eintauchen, auswringen und anziehen. Mit Handtüchern umwickelt in einen gemütlichen Sessel setzten oder ins Bett legen und eine Stunde ruhen.

Entgiftungsbad

500 g Kristallsalz

Zunächst nur wenig Wasser in die Badewanne füllen und die Salzbrocken oder das Granulat darin auflösen. Die Wanne dann mit Wasser auffüllen und darin baden. Die Temperatur darf nicht zu hoch sein und die Badedauer sollte 20 Minuten nicht überschreiten. Nach dem Baden kurz abduschen, die Haut abtrocknen und eine Stunde ruhen.

Zur Entgiftung ist das Trinken von viel kohlensäurefreiem Wasser sehr wichtig. Zur Unterstützung kann ein Brennessel- oder Blutreinigungstee (Apotheke, Reformhaus) getrunken werden.

Kristallsalz für die Haut

Heilerde und Kristallsalz gegen unreine Haut

Gegen leicht entzündliche Hauterkrankungen, wie beispielsweise Akne, ist ein Versuch mit Heilerde und Salz angebracht.

1 TL Heilerde (Apotheke)
2 TL gesättigte Kristallsalzlösung

Die Heilerde mit der Kristallsalzlösung verrühren und mit einem Spatel oder einem stumpfen Messer auf den kranken Hautstellen verteilen. Nach 15 - 20 Minuten die getrocknete Paste abreiben und mit lauwarmem Wasser abwaschen.

Die Behandlung kann 2 x wöchentlich wiederholt werden.

Kristallsalzlösung gegen Insektenstiche

1 TL gesättigte Kristallsalzlösung

Die Insektenstiche mehrfach mit gesättigter Kristallsalzlösung betupfen oder mit einem in Kristallsalzlösung getränkten Tuch abdecken und dieses mit einem locker angelegten Verband fixieren.

Kristallsalzbrocken gegen Insektenstiche

1 kleiner Kristallsalzbrocken

Den Insektenstich anfeuchten und mit dem Kristallsalzbrocken einreiben.

Heilerde gegen Insektenstiche

1 gestrichener TL Heilerde
1 TL gesättigte Kristallsalzlösung

Die Heilerde mit der Kristallsalzlösung vermischen, auf die Stelle auftragen und ein Pflaster darüber kleben.

Kristallsalz gegen Neurodermitis

Nur baden in Kristallsalz heilt keine Neurodermitis aus, trägt aber zur Verbesserung der Haut bei. Offene Hautstellen brennen allerdings so stark, daß die Kristallsalzmenge deutlich reduziert werden muß, oder gar baden im Kristallsalz nicht möglich ist.

250 g Kristallsalz (Brocken oder Granulat)

Zunächst nur wenig Wasser in die Badewanne füllen und das Salz darin auflösen, die Wanne dann mit Wasser auffüllen und darin baden. Die Temperatur darf nicht zu hoch sein und die Badedauer sollte 20 Minuten nicht überschreiten. Nach dem Bad kurz abduschen, die Haut abtrocknen und eine Stunde ruhen.

Kristallsalz gegen Schuppenflechte

Kristallsalz alleine heilt leider keine Schuppenflechte, kann aber zur Verbesserung der Haut beitragen.

1 Teil gesättigte Kristallsalzlösung
1 Teil Wasser

Die betroffenen Stellen mit der Mischung einmal täglich betupfen, trocknen lassen und nach 30 Minuten abspülen. Bei guter Verträglichkeit kann die gesättigte Kristallsalzlösung auch pur aufgetragen werden

Kristallsalzbrocken gegen Hautpilze

Hautpilze können sehr therapieresistent sein und machen eine Behandlung schwierig. Einige Pilze mögen kein konzentriertes Salz, probieren Sie darum die Behandlung mit Kristallsalz einige Tage aus.

1 Kristallsalzbrocken

Die betroffene Hautstelle mit Wasser befeuchten, mit dem Brocken 2 x täglich einreiben und trocknen lassen. Wenn die Haut etwas entzündet ist, wird es zunächst brennen. Brennt es zu stark, beginnen Sie die Behandlung mit verdünnter Kristallsalzlösung.

Verwenden Sie bei Fußpilz vorzugsweise weiße Socken, denn diese können Sie in der Waschmaschine bei 95°C waschen, was die Pilze in den Socken abtötet.

Kristallsalzlösung gegen Hautpilze

1 EL gesättigte Kristallsalzlösung
1 - 2 EL Leitungswasser

Die betroffenen Hautstellen mit Hilfe eines Pinsels zweimal täglich mit der Kristallsalzlösung einreiben und trocknen lassen. Je konzentrierter die Lösung ist, desto wirkungsvoller wird es sein.

Fußbad gegen Hautpilze

Gerade wenn der Pilz großflächig ist und zwischen den Zehen sitzt, ist ein Fußbad sinnvoll.

1 Teil gesättigte Kristallsalzlösung
2 Teile Leitungswasser

Die Menge richtet sich nach der Größe Ihrer Füße und nach der Schüsselgröße. Ein Teil kann also eine Bechertasse sein und zwei Teile entsprechend zwei Bechertassen.

Der betroffene Fuß wird für 10 Minuten in warmes Kristallsalzwasser gestellt, danach an der Luft getrocknet und mit einem Tuch nochmals nachgetrocknet. Diese Behandlung sollte 2 x täglich erfolgen.

Baden in Folie mit Kristallsalz

Das Baden in bis zu 500 Gramm Kristallsalz ist eine teure Angelegenheit und belastet die Umwelt, denn das Salz muß dem Wasser in den Klärwerken entzogen werden.

Mit etwas Geschick und einer Plastikfolie läßt sich der Verbrauch reduzieren, ohne daß der Salzgehalt des Badewassers geringer ist. Der Aufwand ist relativ groß, aber es lohnt sich.

etwa 1 Liter gesättigte Kristallsalzlösung
etwa 5 Liter warmes Wasser
1 dünne Baufolie 4 mal 5 Meter (Baumarkt)
Kreppband

① Mit der Folie die Badewanne auslegen, etwas Spielraum lassen und rundherum mit einem Kreppband festkleben. Vorher den Duschkopf unter die Folie legen.
② Die Wanne dann über den Duschkopf füllen, damit das Wasser unter der Folie ist.
③ Wenn die gewünschte Temperatur erreicht ist, das warme Wasser und die Kristallsalzlösung in die Folie gießen und vorsichtig in die Wanne steigen.
④ Das Wasser unter der Folie passt sich der Körperform an. Das Salzwasser in der Folie kommt so überall hin.
⑤ Die Temperatur wird durch das Badewasser unter der Folie eine Weile gehalten. Die Folie reicht für zwei Anwendungen.

Kristallsalz für Gelenke und Muskeln

Kältekissen gegen Sportverletzungen

Akute traumatische Verletzungen ohne offene Wunden müssen zuerst gekühlt werden. Dafür sollte immer etwas in der Kühltruhe liegen. Kristallsalz speichert Kälte nicht sehr lange, dennoch würde ich die Anwendung empfehlen.

2 Bechertassen gemahlenes Kristallsalz
Baumwoll- oder Seidenstoff, etwa 50 x 50 cm groß
1 Bindfaden
1 Plastikbeutel

Das Kristallsalz in die Mitte des Tuchs gießen, die Ecken hochnehmen, in eine Hand nehmen und mit der anderen Hand so umgreifen, daß ein kleiner Sack entsteht. Dieser wird dann mit dem Bindfaden verschnürt. Den Kristallsalzsack verpackt in einen Kunststoffbeutel in die Kühltruhe legen und bei Bedarf anwenden.

Wärmekissen für Muskeln und Gelenke

Die meisten Gelenk- oder Muskelerkrankungen, die nicht mehr akut sind, heilen besser durch Wärme. Neben Bädern, wärmenden Packungen und Salben eignen sich auch Wärmekissen aus Kristallsalz.

Die Größe richtet sich nach der Größe der Stelle, die Sie wärmen möchten. Ideal sind Wärmekissen mit mehreren Kammern, ähnlich einem modernen Federbett. So rutscht nicht das ganze Kristallsalz an eine Ecke.

Gemahlenes Kristallsalz
Baumwoll- oder Seidenstoff

Aus einem Naturstoff – es kann auch Hanf oder Leinen sein – ein Kissen nähen, das mit Salz gefüllt wird. Dieses Kissen dann im Backofen auf 60 – 70°C erwärmen und auf die erkrankte Stelle legen. Sie bekommen diese Kissen möglicherweise auch im Reformhaus oder Naturwarenhandel (siehe Anhang).

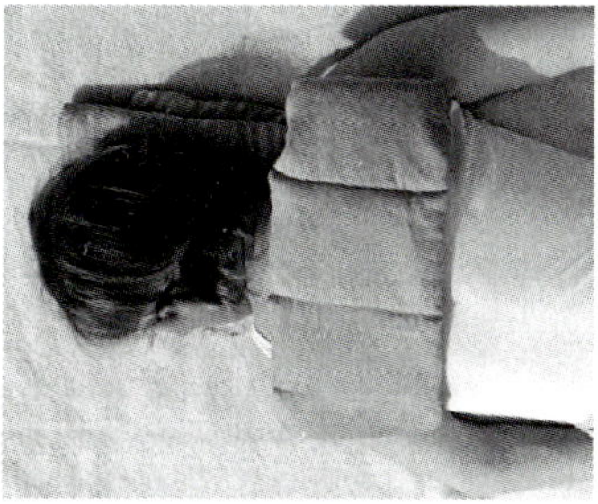

Baden in Kristallsalz

Das Kristallsalz regt die Durchblutung an und lindert dadurch Entzündungen. Die Wärme hilft gegen Schmerzen, zumindest bei den meisten Menschen. Im akuten Rheumaschub oder bei einer entzündlichen Phase (z.B. bei Arthritis) kann das Baden im Salz die Schmerzen verstärken. In diesem Fall die Kristallsalzmenge deutlich reduzieren.

250 g Kristallsalz (Brocken oder Granulat)

Zunächst nur wenig Wasser in die Badewanne füllen und das Salz darin auflösen. Die Wanne dann mit Wasser auffüllen und darin baden. Die Temperatur darf nicht zu hoch sein und die Badedauer sollte 20 Minuten nicht überschreiten. Nach dem Bad die Haut trocken tupfen und eine Stunde ruhen.

Rheumabad in Folie mit Kristallsalz

Die Herrichtung der Wanne mit der Folie ist genauso, wie in dem Rezept auf Seite 73. Der Kristallsalzgehalt wird jedoch erhöht.

etwa 3 Liter gesättigte Kristallsalzlösung
etwa 5 Liter warmes Wasser

Die durchblutungssteigernde Wirkung verstärkt sich durch die höhere Salzkonzentration.

Rheumabad mit ätherischen Ölen

Dieses Bad dürfen Menschen mit Bluthochdruck nicht anwenden, denn Rosmarin und Thymian lassen den Blutdruck noch mehr steigen.

500 g Kristallsalz (Brocken oder Granulat)
20 Tropfen ätherisches Öl Rosmarin
5 Tropfen ätherisches Öl Thymian
5 - 10 Tropfen ätherisches Öl Weihrauch

Zunächst nur wenig Wasser in die Badewanne füllen und die Salzbrocken darin auflösen. Die Wanne dann mit Wasser auffüllen und darin baden. Die Temperatur darf nicht zu hoch sein und die Badedauer sollte 20 Minuten nicht überschreiten. Nach dem Bad kurz abduschen, die Haut abtrocknen und eine Stunde ruhen.

Fußbad

Fußbäder helfen gegen schmerzende, überanstrengte Füße, Kälte oder Großzehengrundgelenksarthrose.

2 Liter Wasser
1 Liter gesättigte Kristallsalzlösung

Die genaue Menge richtet sich nach der Größe der Schüssel und der Fußgröße. Die Füße werden für 10 Minuten in das warme Salzwasser gestellt, abgetupft und für eine Stunde in eine warme Decke eingewickelt.

Dieses Fußbad eignet sich auch gut, um anschließend eine Fußreflexzonenmassage oder Fußpflege durchzuführen.

Kristallsalzsocken

Sie helfen bei kalten oder schmerzenden Füßen.

Baumwollsocken
Kunststoffbeutel in Fußgröße
Wollstrümpfe
1/2 Tasse warmes Wasser
1/4 Tasse gesättigte Kristallsalzlösung

Die Baumwollsocken in eine Mischung aus warmem Wasser und gesättigter Kristallsalzlösung tauchen und wenn sie vollständig naß sind, auswringen. Diese feuchten Strümpfe anziehen, die Tüten darüber streifen, warme Wollsocken darüber ziehen und etwa eine Stunde einwirken lassen. Danach die Füße abwaschen und trocknen.

Fußbad für das Großzehengrundgelenk

Arthrose fängt bei den meisten Menschen im Großzehengrundgelenk an. Das Gelenk sollte nach dem Erwärmen im Fußbad mit den eigenen Händen vorsichtig bewegt werden.

etwa 2 Liter gesättigte Kristallsalzlösung

Die genaue Menge richtet sich nach der Größe der Schüssel und der Fußgröße. Die Füße werden für 10 Minuten in das zuvor erwärmte warme Kristallsalzwasser gestellt, für kurze Zeit vorsichtig massiert und bewegt und anschließend warm gehalten.

Die Behandlung kann täglich erfolgen. Wenn die Füße vorher in Seifenwasser gewaschen werden, kann die Kristallsalzlösung mehrere Tage verwendet werden. Da bei jeder Anwendung Wasser verdunstet, muß täglich etwas Wasser nachgefüllt werden.

Kristallsalzwickel für kranke Gelenke

Füße und Hände lassen sich in eine Schüssel Wasser tauchen, andere Gelenke nicht. Für sie eignet sich folgendes Rezept:

1 kleine Tasse gesättigte Kristallsalzlösung
1 oder mehrere Papiertaschentücher, Größe nach Bedarf
1 Stück Küchenfolie, Größe nach Bedarf
1 Bandage oder Verband

Die Taschentücher in die Kristallsalzlösung eintauchen, leicht ausdrücken und um das erkrankte Gelenk legen. Die Folie etwas größer abmessen und um das Gelenk wickeln. Das Ganze mit einer Bandage oder einem Verband fixieren. Bei unempfindlicher Haut kann der Verband einige Stunden, auch über Nacht, dort bleiben.

Kristallsalz-Heilerde-Packung

3 EL Heilerde
6 EL gesättigte Kristallsalzlösung
Küchenfolie
1 Bandage oder Verband

Aus Heilerde und Kristallsalzlösung eine Paste rühren, mit einem stumpfen Messer auf dem Gelenk oder der Muskelpartie verstreichen, mit der Folie abdecken und mit einem Verband fixieren. Diese Packung kann bei unempfindlicher Haut über Nacht dort bleiben.

Kristallsalz-Beinwell-Einreibung

Beinwellcreme gibt es von mehreren Firmen. Das Traumaplant der Firma Harras hat einen sehr hohen Beinwellanteil.

1/2 TL Traumaplant (Apotheke)
1 MSP gemahlenes Kristallsalz

Das Kristallsalz mit der Salbe verrühren und in die Haut der erkrankten Stelle einmassieren.

Kristallsalz-Beinwell-Packung

3 EL Beinwellwurzelpulver
3 EL gesättigte Kristallsalzlösung
Küchenfolie, Größe nach Bedarf
1 Bandage oder Verband

Aus Beinwellwurzelpulver und Kristallsalzlösung eine Paste rühren, mit einem stumpfen Messer auf dem Gelenk oder der Muskelpartie verstreichen, mit der Folie abdecken und mit einem Verband fixieren. Diese Packung kann bei unempfindlicher Haut über Nacht dort bleiben.

Kristallsalz-Arnikablütenwickel

Vor allem bei akuten traumatischen Verletzungen ist Arnika sehr hilfreich.

2 EL Arnikablüten (Apotheke)
1 Bechertasse gesättigte Kristallsalzlösung
1 oder mehrere Papiertaschentücher
1 Stück Küchenfolie, Größe nach Bedarf
1 Bandage oder Verband

Die Arnikablüten mit kochendem Kristallsalz übergießen, nach 10 Minuten durch ein Sieb gießen, die Taschentücher in die Arnika-Salzlösung eintauchen, leicht ausdrücken und um das erkrankte Gelenk legen. Die Folie etwas größer abmessen und um das Gelenk wickeln. Mit einer Bandage oder einem Verband das Ganze fixieren.

Da bei akuten traumatischen Verletzungen Kälte wichtig ist, sollten Sie, vor der Verwendung, die Arnika-Salzlösung in eine Schüssel gießen und diese in kaltes Wasser zum Abkühlen stellen.

Kristallsalz-Arnikablüten-Kältewickel

Vor allem bei akuten traumatischen Verletzungen ist Arnika und Kälte sehr hilfreich.

1 Bechertasse gesättigte Kristallsalzlösung
1 Eiswürfel
10 Globuli Arnika D 6 oder D12
1 oder mehrere Papiertaschentücher,
Größe nach Bedarf

Die Globuli im Kristallsalz auflösen, mit einem Kunststofflöffel mehrfach kräftig rühren, den Eiswürfel dazugeben, die Taschentücher darin eintauchen, leicht ausdrücken und um das erkrankte Gelenk legen. Sobald die Stelle warm wird, ein neues Tuch befeuchten und darauf legen.

Kristallsalz- Johanniskrautauflagen

Johanniskrautblüten lindern Muskelschmerzen, vor allem, wenn sie im Schulter-Nackenbereich auftreten.

3 EL Johanniskrautblüten (Apotheke)
2 Bechertasse gesättigte Kristallsalzlösung
1 Gästehandtuch
2 größere Handtücher
1 Wolldecke
1 Wärmekissen aus Kristallsalz, Kirschkernen oder Getreide

Die Johanniskrautblüten mit kochendem Kristallsalz übergießen, nach 10 Minuten durch ein Sieb gießen, das Gästehandtuch darin eintauchen, auswringen und auf die kranke Stelle legen. Die größeren Handtücher darüber schichten und das Wärmekissen, das zuvor im Backofen erwärmt wurde, darauf legen. Mit einer Wolldecke abdecken und solange liegen lassen, bis die Stelle erkaltet ist.

Kristallsalz-Massageöl

1 Eierbecher Jojobaöl
1/4 TL Kristallsalzpuder

Das Öl im Wasserbad erwärmen, das Salz darin auflösen und zur Massage verwenden.

Massage-Emulsion

1 EL Massageöl
1 TL gesättigte Kristallsalzlösung
1 kleines Glas oder 1 Flasche

Beide Zutaten in dem Glas durch Schütteln emulgieren und sofort zur Massage verwenden. Danach die Haut mit einem feuchten Tuch abwaschen.

Kristallsalz gegen Muskelverspannungen

Durch langes Arbeiten am Schreibtisch oder Computer kann es leicht zu Verspannungen im Nackenbereich kommen.

2 Brocken Kristallsalz

Klemmen Sie sich einfach rechts und links je einen Brocken aus Kristallsalz unter die Kleidung. Das Salz muß Hautkontakt haben. Sind bereits Schmerzen da, müssen die Steine auf diese Stelle gelegt werden. Falls es so nicht hält, läßt sich das Salz mit etwas Leukosilk oder einem Plaster ankleben.

Werden die Schmerzen durch das Salz verstärkt, die Brocken wieder entfernen. Kommt es zur Verbesserung, können die Brocken beliebig lang an den Stellen bleiben.

» Salz ist die beste Würze. «

Kristallsalz und Wellness

Salz regt zur Zellregeneration an, hat eine osmotische Wirkung, zieht also Wasser an und fördert durch einen starken Reiz die Durchblutung und damit den Hautstoffwechsel. Das Kristallsalzpuder ist zum Peeling geeignet.

Behandlungen mit Kristallsalz bauen Schlacken ab, die Abwehrfunktion der Haut wird gesteigert und die Haut wird geschmeidiger. Heilerde ist eine ideale Ergänzung. Sie dient als Träger des Salzes bei Packungen und hat selbst viele heilsame Inhaltsstoffe.

Kristallsalz für die Kopfhaut

Kopfhautpackung

Salz-Ölpackungen helfen bei fettiger Kopfhaut. Bei der Anwendung aber darauf achten, daß die Haarspitzen kein salziges Öl abbekommen. Die Haarspitzen sollten Sie vorher mit reinem Öl behandeln: einfach mit öligen Händen durch die Haarspitzen streichen.

1/4 kleine Tasse Lein- oder Mandelöl
1 TL feines Kristallsalz

Das Salz im Öl auflösen und in die Kopfhaut einmassieren. Nach 5 - 10 Minuten die Haare zweimal mit einem milden Shampoo auswaschen.

Kristallsalz-Einreibung

Diese Behandlung der Kopfhaut funktioniert nur bei kurzen Haaren. Die Haare selbst mögen so viel Salz nicht. Wer also lange Haare hat oder sie lang wachsen lassen möchte, sollte keine Salzbehandlungen am Kopf machen, denn die Haare trocknen zu sehr aus und spalten sich später.

1 EL Kristallsalzpuder

Die Haare wie gewohnt waschen, die Fingerspitzen in das Salz tauchen und einen kleinen Teil der Kopfhaut damit einreiben. Den Vorgang solange wiederholen, bis die ganze Kopfhaut mit Salz eingerieben ist und die Haare dann mit viel Wasser ausspülen.

Kristallsalz für das Gesicht

Stein-Massage

Im Kristallsalzbrocken ist die meiste energetische Information. Das Wasser auf der Haut löst das Salz ab, die Haut wird nach der Behandlung weich und sanft. So bekommt die Haut bioenergetische Informationen und gleichzeitig eine »körperliche« Behandlung.

1 Kristallsalzbrocken

Wählen Sie hierfür einen Kristallsalzbrocken, der eine flache Seite hat. Das Gesicht anfeuchten und mit dem

Stein sanft massieren. Nach 2 - 5 Minuten das Gesicht mit lauwarmem Wasser abspülen.

Kristallsalz-Peeling

Peeling befreit die Haut von der oberen, abgestorbenen Hautschicht und macht sie so weicher. Es reinigt außerdem bis tief in die Poren.

1 TL Kristallsalzpuder

Das Kristallsalzpuder mit den Händen im Gesicht verteilen und vorsichtig einmassieren. Danach das Gesicht am besten unter der Dusche mit viel Wasser abspülen.

Kristallsalz-Gesichtskur

Die Behandlung ist milder als mit Kristallsalzpuder, entfernt nicht die obere Hautschicht, und ist bei empfindlicher Haut angenehmer. Die Wirkung ist aber ähnlich gut.

2 EL gesättigte Kristallsalzlösung
Baumwollwatte

Die Kristallsalzlösung mit der Watte im Gesicht verteilen, 3 - 5 Minuten einwirken lassen und mit Wasser am besten unter der Dusche abspülen.

Kristallsalz-Ringelblume

2 EL Ringelblumenblüten (Apotheke)
1 Bechertasse gesättigte Kristallsalzlösung
1 Waschlappen

Die Ringelblumenblüten mit kochendem Kristallsalz übergießen, 5 Minuten ziehen lassen und die Blüten ausfiltern. Den Waschlappen in die Ringelblumen-Salzlösung eintauchen, leicht ausdrücken und für 5 - 10 Minuten auf das Gesicht legen. Das Gesicht mit warmem Wasser abwaschen und bei Bedarf eincremen oder mit Nachtkerzenöl einölen.

Kristallsalz-Öl-Gesichtspeeling

Kristallsalz und Öl schälen bei der Massage die obere, tote Hautschicht ab. Die Haut fühlt sich danach sehr geschmeidig an. Sie ist porentief gereinigt und – besonders bei trockener Haut – mit dem nötigen Fett versorgt.

1 EL Mandel- oder Olivenöl
2 MSP Kristallsalzpuder
Watte

Öl und Kristallsalz verrühren – das Salz wird sich dabei nicht auflösen – und das Gesicht damit leicht massieren. Nach der Massage das Öl-Salzgemisch mit der Watte abreiben und das Gesicht mit Wasser abspülen.

Kristallsalz-Öl-Gesichtsmassage

Etwas milder, aber beinahe ebenso gut, ist die Behandlung mit dem aufgelösten Kristallsalz.

1 EL gesättigte Kristallsalzlösung
1 EL Mandel- oder Olivenöl
1 kleines Glas mit Deckel

Öl und Salz in dem Glas durch kräftiges Schütteln emulgieren und mit den Fingerspitzen in die Gesichtshaut massieren. Nach 5 Minuten das Gesicht mit viel warmem Wasser am besten unter der Dusche abspülen.

Gesichtspackung mit Heilerde

2 EL Heilerde (Apotheke)
1 EL gesättigte Kristallsalzlösung
1 EL Wasser

Die Heilerde mit der Kristallsalzlösung und dem Wasser verrühren und mit einem Spatel oder einem stumpfen Messer auf der Gesichtshaut verteilen. Nach 15 - 20 Minuten die getrocknete Maske abreiben und mit lauwarmem Wasser abwaschen. Die Haut danach bei Bedarf mit einem guten Öl, z.B. Nachtkerzenöl (Apotheke) einreiben.

„Salz und Brot macht Wangen rot"

Salztuch fürs Gesicht

1 Bechertasse gesättigte Kristallsalzlösung
1 Waschlappen

Die Kristallsalzlösung etwas erwärmen, den Waschlappen eintauchen, leicht ausdrücken und für 5 - 10 Minuten auf das Gesicht legen. Das Gesicht mit warmem Wasser abwaschen und bei Bedarf eincremen oder mit Nachtkerzenöl einölen.

Salztuch mit Heilerde

1 Bechertasse gesättigte Kristallsalzlösung
2 EL Heilerde
1 Waschlappen

Die Kristallsalzlösung etwas erwärmen, die Heilerde einrühren, den Waschlappen eintauchen, ein wenig ausdrücken und für 5 - 10 Minuten auf das Gesicht legen. Das Gesicht mit warmem Wasser abwaschen und bei Bedarf eincremen oder mit Nachtkerzenöl einölen.

Kristallsalz-Ringelblumenöl

1 Tasse Mandel- oder Olivenöl
2 EL Ringelblumenblüten
1 Marmeladenglas mit Deckel
1 Tasse gesättigte Kristallsalzlösung
1 größeres Glas mit Deckel (400 - 500 ml)

Die Ringelblumen mit dem Öl übergießen und 14 Tage in einem Glas an einen warmen Ort stellen. Mit Hilfe eines Siebes die Blüten ausfiltern und das Öl mit der Kristallsalzlösung in ein weiteres Glas gießen. Vor jedem Gebrauch das Glas kräftig schütteln und vor dem Duschen das Gesicht damit leicht massieren.

Kristallsalz für die Hände

Stein-Massage

Vor allem im Winter sind die Hände oft trocken und spröde. Dagegen hilft eine tägliche Massage mit einem Kristallsalzbrocken. Die Haut bekommt eine bioenergetische Information und eine »körperliche« Behandlung.

1 Kristallsalzbrocken

Wählen Sie hierfür einen Kristallsalzbrocken, der eine flache Seite hat. Die Hände anfeuchten und mit dem Stein vor allem die Handrücken sanft massieren.

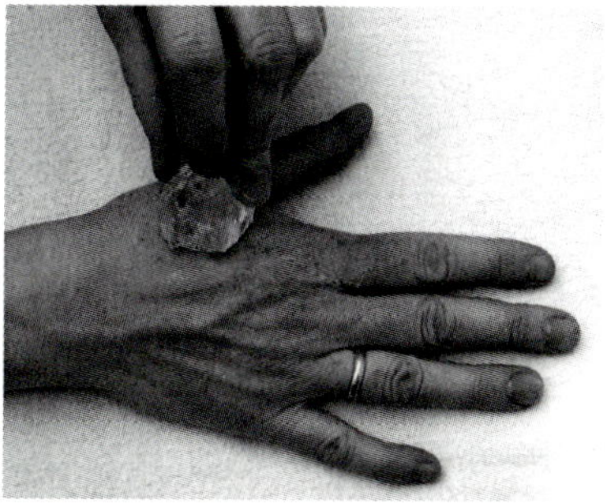

Nach 2 - 5 Minuten die Hände mit lauwarmem Wasser abspülen.

Kristallsalzlösung

Die Haut der Hände wird nach dieser Behandlung geschmeidiger.

1 EL gesättigte Kristallsalzlösung

Mit der Kristallsalzlösung die Hände »einreiben«, das Salz trocknen lassen und mit warmem Wasser abspülen. Bei Bedarf die Hände anschließend mit Nachtkerzen- oder Olivenöl einreiben.

Kristallsalz-Heilerde-Packungen

4 EL Heilerde (Apotheke)
2 EL gesättigte Kristallsalzlösung
2 EL Wasser

Die Heilerde mit der Kristallsalzlösung und dem Wasser verrühren und vor allem auf dem Rücken der Hände verteilen. Nach 5 - 10 Minuten die getrocknete Maske abreiben und mit lauwarmem Wasser abwaschen. Die Haut danach bei Bedarf mit einem guten Öl, z.B. Nachtkerzenöl (Apotheke) einreiben.

Heilerde-Handbad

Diese Mischung macht Hände erstaunlich weich. Kleine Risse heilen schneller aus.

2 gestrichene EL Heilerde
10 EL gesättigte Kristallsalzlösung
2 Tassen lauwarmes Wasser

Die Heilerde in einem hohen, schmalen Gefäß in Wasser auflösen, die Kristallsalzlösung hinzufügen und beide Hände etwa 5 Minuten darin baden. Nach dem Abspülen mit warmem Wasser die Hände abtrocknen.

Kristallsalz und Öl

Trockene und rissige Haut wird weicher und die Risse heilen schneller aus.

1 TL gesättigte Kristallsalzlösung
1 TL Olivenöl
1 kleines Glas mit Deckel

Öl und Salz in dem Glas durch kräftiges Schütteln emulgieren, die Hände damit einreiben und nach 5 Minuten mit viel warmem Wasser abspülen.

Kristallsalz zum Wohlfühlen

Kristallsalz-Körperpeeling

Ein Peeling befreit die Haut von der oberen, abgestorbenen Hautschicht und macht sie damit weicher. Da die Haut dabei auch gereinigt wird, ist kein Duschgel notwendig.

1/4 Tasse Kristallsalzpuder

Das Kristallsalzpuder mit den Händen in die ganze Körperhaut einmassieren und warm abduschen. Die Behandlung kann 1 x wöchentlich erfolgen.

Kristallsalz-Öl-Körperpeeling

3 - 4 EL Kristallsalzpuder
3 - 4 EL Olivenöl

Das Kristallsalz mit dem Öl verrühren und in die Körperhaut einmassieren. Dafür stellen Sie sich am besten in die Dusche. Nach der kurzen Massage den Körper gründlich abduschen und nur, wenn die Haut noch sehr fettig ist, ein mildes Duschgel verwenden.

Körperpflege mit Öl und Salz

Trockene Haut, vor allem durch die trockene Heizungsluft im Winter, wird durch die Behandlung angenehm gefettet.

1/4 Tasse gesättigte Kristallsalzlösung
1/4 Tasse Olivenöl
1 Glas mit Deckel

Öl und Salz in dem Glas durch kräftiges Schütteln emulgieren, den ganzen Körper damit einreiben und abduschen.

Kristallsalz-Duschgel

neutrales Duschgel (z.B. Lavera Neutral oder Logona pur)
1 TL Kristallsalzpuder

Zuerst etwas Duschgel und dann etwas Salz in die hohle Hand gießen, beides mit einem Finger verrühren, den ganzen Körper damit einseifen und abduschen.

Schönheitsbad

250 g Kristallsalz (Brocken oder Granulat)
1 Eierbecher Mandel- oder Olivenöl
1 Tasse Heilerde
10 Tropfen ätherisches Öl Lavendel

Etwas Badewasser in die Wanne einlaufen lassen und das Salz darin auflösen. Die Wanne dann mit dem restlichen Wasser füllen, das Mandelöl, die Heilerde und das ätherische Öl zufügen und darin baden – ein Genuß für Körper, Geist und Seele. Nach dem Bad kurz abduschen und noch eine Weile ruhen.

Natürlich können Sie auch ein anderes ätherisches Öl verwenden, aber gerade Lavendel wirkt entspannend und tut der Haut gut.

Baden zu Zweit

250 g Kristallsalz (Brocken oder Granulat)
1 Eierbecher Mandel- oder Olivenöl
5 - 10 Tropfen ätherisches Öl Ylang Ylang
5 - 10 Tropfen ätherisches Öl Sandelholz

Etwas Badewasser in die Wanne einlaufen lassen und das Salz darin auflösen. Die Wanne dann mit dem restlichen Wasser füllen, die ätherischen Öle zufügen und darin baden – ein Genuß für die Seele. Die beiden ätherischen Öle wirken aphrodisierend. Sie können die Öle auch austauschen gegen Rosenöl oder Ihr gemeinsames Lieblingsöl.

Schönheitsbad mit Honig

100 g Bienenhonig
100 g Kristallsalz (Brocken oder Granulat)

Salz und Honig in warmem Wasser auflösen und dem eingelaufenen Badewasser zufügen.

Die Badezeit sollte 20 - 30 Minuten nicht überschreiten. Nach dem Bad den Körper mit warmem Wasser kurz abduschen und beim Abtrocknen nicht rubbeln. Sie sollten nach diesem Schönheitsbad eine Weile ruhen.

Schönheitsbad mit Milch

Kleopatra badete in Eselsmilch – die gibt's hier leider nicht – versuchen Sie es mit Kuhmilch und Kristallsalz.

1 Liter Kuhmilch aus dem Bioladen
100 g Kristallsalz (Brocken oder Granulat)

Das Salz im warmen Wasser auflösen und die Milch dem eingelaufenen Badewasser zufügen.

Die Badezeit sollte 20 - 30 Minuten nicht überschreiten. Nach dem Bad den Körper mit warmem Wasser kurz abduschen und beim Abtrocknen nicht rubbeln.

Entspannungsbad mit Sahne

1 großer Becher süße Sahne
100 g Kristallsalz (Brocken oder Granulat)
20 Tropfen ätherisches Öl Lavendel

Das Salz im warmen Wasser auflösen und mit der Sahne und dem ätherischen Öl dem eingelaufenen Badewasser zufügen.

Die Badezeit sollte 20 - 30 Minuten nicht überschreiten. Nach dem Bad den Körper mit warmem Wasser kurz abduschen und beim Abtrocknen nicht rubbeln. Lavendel wirkt beruhigend – ein ideales Bad für den Abend.

Morgenbad mit Sahne

1 großer Becher süße Sahne
100 g Kristallsalz (Brocken oder Granulat)
20 Tropfen ätherisches Öl Rosmarin
5 Tropfen Litsea cubea

Das Salz im warmen Wasser auflösen und mit der Sahne und den ätherischen Ölen dem eingelaufenen Badewasser zufügen.

Die Badezeit sollte 20 - 30 Minuten nicht überschreiten. Nach dem Bad den Körper mit warmem Wasser kurz abduschen und beim Abtrocknen nicht rubbeln. Rosmarin wirkt anregend und Litsea stimuliert den Geist – ein ideales Bad für Morgenmuffel.

Kristallsalz-Ölbad

200 g Kristallsalz (Brocken oder Granulat)
1 Eierbecher Olivenöl

Das Salz im warmen Wasser auflösen und das Öl dem eingelaufenen Badewasser zufügen.
Die Badezeit sollte 20 - 30 Minuten nicht überschreiten.

Schönheit mit Sahne

1 kleiner Becher süße Sahne
3 EL Kristallsalzpuder

Das Salz in die Sahne einrühren, den Körper damit einreiben und nach wenigen Minuten abduschen.

Heilerde-Einreibung

1/4 Tasse Kristallsalzpuder
1/4 Tasse Heilerde

Beide Zutaten miteinander vermischen und in einen Teller füllen. Den Körper anfeuchten und mit der Mischung einreiben, dafür die nassen Hände in die Mischung auf dem Teller drücken. Zuerst die Beine von unten nach oben einreiben, die Hände erneut in die Mischung drücken und die Arme von den Händen zur Schulter einreiben. Zum Schluß den Körperstamm einreiben und den ganzen Körper abduschen.

Kristallsalz-Ringelblumenbad

3 Tassen Ringelblumenblüten
1 Liter Wasser
100 g Kristallsalz (Brocken oder Granulat)

Die Blüten mit kochendem Wasser übergießen, 15 Minuten stehen lassen und durchsieben.

Das Salz in etwas Badewasser auflösen, die Wanne mit Wasser füllen, den Ringelblumenaufguß dazu gießen und darin baden.

Kristallsalzbad mit Ringelblumenöl

1/4 Tasse Ringelblumenöl
(Calendulaöl von Weleda)
1 kleiner Becher süße Sahne
100 g Kristallsalz (Brocken oder Granulat)

Das Salz im warmen Wasser auflösen. Das Öl und die Sahne dem eingelaufenen Badewasser zufügen.

Die Badezeit sollte 20 - 30 Minuten nicht überschreiten. Nach dem Bad den Körper mit warmem Wasser kurz abduschen und beim Abtrocknen nicht rubbeln.

Kristallsalz – wichtig in der Nahrung

Tauschen Sie einfach Ihr Kochsalz in der Küche gegen Kristallsalzpuder und Kristallsalzbrocken aus. Sofern Sie die Sole anwenden können, z.B. beim Kochen, sollten Sie diese auch verwenden, denn die Brocken haben eine höhere energetische Wirkung. Die notwendigen Mengen werden Sie durch Abschmecken selbst erkennen. Das Puder ist praktischer zum Salzen bei Tisch oder zum Salzen von beispielsweise Tomaten fürs Brot.

Menschen mit Bluthochdruck, Nieren- und Herzerkrankungen müssen salzarm leben, dies gilt natürlich auch für Kristallsalz.

Kaliummangel durch Salz

Obst und Gemüse, vor allem Kartoffeln, enthalten viel Kalium. Kalium ist für den Körper genauso wichtig wie Natrium. Natrium ist aber ein Gegenspieler von Kalium, was bedeutet, wenn Sie Kartoffeln in Salzwasser kochen, wird Kalium von Natrium aus der Kartoffel gezogen, ist dann im Kochwasser und landet im Ausguß. Kaliummangel kann die Folge sein. Die Kaliummenge im Kristallsalz reicht für den Ausgleich nicht aus. Müdigkeit und Herzrhythmusstörungen – um nur zwei Symptome zu nennen – treten auf.

Kochen Sie also salzfrei, wenn Sie das Kochwasser, wie bei Kartoffeln, weggießen. Salzen können Sie die Kartoffeln direkt vor dem Servieren mit Kristallsalzpuder.

Versalzene Suppe

Natürlich kann man auch mit Kristallsalz die Suppe versalzen. Hier helfen ein paar Stücke Kartoffeln, denn sie ziehen das Natrium aus dem Suppenwasser und geben Kalium ab. Die Kartoffeln werden nach dem Kochen aus der Suppe genommen und weggeworfen.

Salzmühle

Wenn Sie gerne eine Salzmühle verwenden möchten, sollten Sie ein paar Brocken in ein festes Tuch wickeln und mit einem Hammer darin klein schlagen. Sie können dann die größeren Stücke in die Sole legen und den noch relativ groben »Salzstaub« in die Mühle füllen.

Salzbrocken reiben

Von den Kristallsalzbrocken läßt sich mit einer Muskatreibe feines Salz abreiben. Dies ist eine etwas aufwendi-

ge Angelegenheit, wenn Sie jedoch nur wenig Streusalz benötigen, lohnt sich der Aufwand.

Salz trocknen

Hat das gemahlene Salz Luftfeuchtigkeit aufgenommen und ist deshalb zu feucht, können Sie das Wasser mit Reis aus kontrolliert biologischem Anbau entziehen.

Zusammen mit dem Salz kommt etwas Reis in ein Glas. Schon nach wenigen Stunden ist das Salz deutlich trockener und kann ausgesiebt werden. Dem Salzstreuer kann für diesen Zweck ebenfalls etwas Reis beigegeben werden.

Sole

Legen Sie einige Brocken in ein dekoratives Glas, oder lassen Sie das Kristallsalz einfach im Originalglas und füllen dieses nach Bedarf wieder mit Wasser auf.

Bis die Brocken vollständig aufgelöst sind, haben Sie immer eine gesättigte Kristallsalzlösung.

Kräutersalz

2 gehäufte EL Kristallsalzpuder
2 glatte EL getrocknete Kräuter

Das Salz wird mit den Kräutern vermischt und entweder im Mörser oder in einer sauberen Kaffeemühle zerkleinert.

Die Kräuter können Sie ganz nach Geschmack auswählen. Aus Petersilie, Schnittlauch und Dill können Sie ein Kräutersalz für Quark, Kartoffeln und Salat herstellen und aus Oregano, Thymian und Rosmarin für Tomaten, Zucchini und anderes Gemüse aus dem Mittelmeergebiet.

Knoblauchsalz aus frischen Zehen

3 - 4 Knoblauchzehen
4 gehäufte EL Kristallsalzpuder
1 EL Reis

Die Knoblauchzehen kleinschneiden, mit Salz und Reis vermischen und in ein Glas füllen. Nach zwei Tagen das Knoblauchsalz mit einem groben Sieb von Reis und Zehen befreien.

Knoblauchsalz aus getrockneten Zehen

2 Knoblauchzehen
4 gehäufte EL Kristallsalzpuder

Die Zehen in dünne Scheiben schneiden, auf einen Teller legen und diesen auf eine warme Heizung stellen. Wenn die Knoblauchscheiben komplett trocken sind – das läßt sich leicht fühlen – werden sie zusammen mit dem Salz in einem Mörser gerieben oder in einer Kaffeemühle gemahlen.

Knoblauchsole

3 EL gesättigte Kristallsalzlösung
1 - 2 Knoblauchzehen
1 kleines Glas mit Deckel

Die Knoblauchzehen schälen, kleinschneiden, in das Glas legen und mit der Kristallsalzlösung auffüllen. Schon nach ein paar Stunden hat die Sole ein Knoblaucharoma.

Kristallsalz-Toffees

Natürlich schmecken die Toffees auch ohne Salz, aber das Salz gibt erst die richtige Würze. Je nach Geschmack kann die Salzmenge reduziert werden.

Sie benötigen einen kleinen Kochtopf ohne Deckel, einen Schneebesen, einen Kochlöffel oder Pfannenheber (möglichst aus Holz), etwa 40 cm Backpapier auf einem kleineren Holzbrett, zwei Messer und ein trockenes Glas mit Deckel für die fertigen Toffees.

200 g Agavendicksaft (Bioladen, Reformhaus)
1 gestrichener TL Kristallsalzpuder
2 gehäufte EL Cashewmus (Bioladen, Reformhaus)
1 gehäufter TL Weinsteinbackpulver (Bioladen, Reformhaus)
1 EL Mais- oder Kartoffelstärke

① Agavendicksaft und Kristallsalz ohne Deckel etwa 5 Minuten bei mittlerer Hitze kochen, damit das Wasser verdunsten kann, vom Herd nehmen und diesen ausschalten.

② Das Nußmus und das Weinsteinbackpulver mit einem Schneebesen unterrühren.

③ Mit einem Pfannenheber oder Kochlöffel aus Holz rühren bis die Masse etwas abgekühlt ist.

④ Die Masse auf ein Backpapier gießen und den Topf mit einem Kochlöffel oder Pfannenheber leeren.

⑤ Damit die Ränder nicht hart werden, mit einem Messer die Masse von außen nach innen streichen, bis sie soweit abgekühlt ist, daß sie sich anfassen läßt. Mit dem zweiten Messer das erste Messer gelegentlich von der Masse befreien.

⑥ Die Masse vom Papier »puhlen« in die Hände nehmen, auseinander ziehen, zusammenfalten, auseinanderziehen, zusammenfalten usw. bis die Masse zäh und lauwarm wird.

⑦ Eine »Wurst« ziehen oder rollen und diese, bevor sie ganz kalt ist, mit einer Schere in kleine Stücke schneiden.

⑧ Die erkalteten, geschnittenen Stücke in ein Glas geben, etwas Maisstärke als Trennmittel dazugeben, das Glas verschließen und schütteln, denn die Stärke als Trennmittel muß sich gut verteilen.

❝ Was im Salz liegt, verdirbt nicht ❞

Salz-Poppkorn

Poppkornmais (Reformhaus, Bioladen)
Kristallsalzpuder

Den Boden eines Topfes mit Mais bedecken, und bei aufgelegtem Deckel den Mais puffen lassen. Wenn es leise wird, sind alle Maiskörner gepufft und der Topf muß von der Herdplatte genommen werden. Das Poppkorn je nach Geschmack in heißem Zustand salzen.

Konservierung

Als ich noch ein Kind war, fuhren wir oft nach Norwegen zum Angeln. Wir hatten alle viel Freude daran, konnten aber nicht alle Fische – meistens waren es Dorsche – essen, obwohl es 3 x täglich Fisch gab.

Wir hatten ein Holzfaß mit und legten Filetstücke in viel Salz ein. Ein paar Wochen später, wieder zuhause, wurde das Salz abgewaschen und die Filetstücke tiefgefroren. So gab es das ganze Jahr über immer wieder Fisch aus dem Urlaub.

Salz ist ein inzwischen weitgehend vergessenes Konservierungsmittel. Nicht ganz vergessen, denn es gibt immer noch Pökel-Salz, eine Konservierungsmethode, die schon Kolumbus auf seinen Reisen angewandt hat.

Zum Pökeln wird rohes Fleisch in eine Salzlösung eingelegt, es entsteht Pökelfleisch.

Kristallsalz Tiere

Kristallsalz für Pflanzenfresser

Pflanzenfressende Tiere benötigen, genau wie Menschen, eine kleine Salzmenge. Im Unterschied zu uns spüren sie die für sie richtige Menge und lecken entsprechend an einem angebotenen Salzleckstein, der auf jeder Weide oder in jedem Stall sein muß. Für diesen Zweck sind nur ganz große Steinsalzbrocken – etwa in der Größe einer Salzlampe – sinnvoll.

Um Tiere mit der bioenergetischen Information des Kristallsalzes zu behandeln, werden täglich ein paar Tropfen in die Tränke gegeben – auch hier gilt, weniger ist manchmal mehr.

Auch zur Entgiftung genügen ein paar Tropfen täglich. Ebenfalls zur Entgiftung, vor allem bei älteren Tieren, ist die Futterzugabe von getrockneten Brennesseln sinnvoll. Oft genügt es, die Brennesseln auf der Weide mit einer Sense zu mähen, die meisten Tiere werden die in der Sonne getrockneten Brennesseln dann gerne fressen.

Sole für Tiere

Fleischfressende Tiere, wie Hunde und Katzen, bekommen ausreichend Salz durch das im Fleisch enthaltene Salz. Zur Entgiftung genügt es deshalb, täglich nur einen Tropfen in das Trinkwasser zu geben.

Die bioenergetische Information erreichen Sie auch schon bei einem Tropfen täglich im Trinkwasser.

Zu guter Letzt

Früher gab es in unserer Küche nur ein Steinsalz und ein Kräutersalz. Jetzt haben wir das feine und das grobe Kristallsalzpuder, sowie eine Sole aus Kristallsalzbrocken.

Aus getrockneten Kräutern und dem Puder haben wir unser selbst hergestelltes Kräutersalz und natürlich auch Knoblauchsalz. Im Badezimmer steht eine Dose mit Kristallsalzgranulat und -puder. Zusätzlich zu unserem Kirschkernkissen haben wir nun auch ein mit Kristallsalzgranulat gefülltes Kissen. Man kann sagen, Kristallsalz gehört inzwischen zu unserem Alltag.

Kristallsalz ist ein wunderbares Geschenk der Natur und voller positiver Energien. Wie Sie in diesem Buch gesehen haben, gibt es zahlreiche Anwendungsmöglichkeiten. Sicher finden Sie für verschiedene Anlässe und Bedürfnisse das Richtige.

Kristsallsalz gibt es auch in anderen Gebieten der Erde und auch dieses Salz ist rein, mineralstoffreich und energetisch wirksam. Doch nur mit dem Himalaya-Kristallsalz und dem höchsten Bergmassiv der Erde wird diese ganz besondere Energie in Verbindung gebracht. Dies hat sicher auch mit der spirituellen Bedeutung zu tun, die dieser Weltgegend zugesprochen wird.

Ich schreibe bei jeder Reise – auch bei unserer Himalayareise – ein Tagebuch und klebe immer getrocknete Pflanzen (trocknet mein Mann) und etwas Erde ein. Manchmal, wenn uns das Fernweh packt, blättern wir in diesen Tagebüchern und befühlen die eingeklebte Erde. Mit dem Kristallsalz begleitet uns nun etwas in unserem Alltag, was aus der Region stammt, die uns am meisten fasiziniert, ja verzaubert hat.

Produkte und Lieferanten

In diesem Buch finden Sie immer wieder Hinweise auf verschiedene Produkte. Wir halten für Sie eine nach Postleitzahlen sortierte, ständig aktualiserte Liste mit Einzelhändlern und Versendern parat, bei denen Sie sich über entsprechende Angebote informieren können. Neben vielen anderen schönen Dingen finden Sie dort insbesondere:

- Salzkristalle aus dem Himalaya in verschiedenen Körnungen und Abpackungen (*wir nennen ausschließlich Firmen, deren Bezugsquellen wir kennen).*
- Salzlampen und Edelsteine
- Kännchen für die Nasenspülung
- Algen – gegen Jodmangel und zur Nahrungsergänzung
- Ätherische Öle

Sie erhalten diese Liste kostenlos per E-mail oder Fax. Gegen Einsendung eines frankierten Rückumschlages (0,56 €) versenden wir diese auch per Post.

Wenden Sie sich an:

HIER & JETZT • Verlags- und Vetriebs GmbH
Dorothea-Schlözer-Str. 25
23843 Bad Oldesloe
Fax 04531 84794
E-Mail: verlag@hierundjetzt.de